顶级

香水·化妆品

北京工业大学出版社

前 言

让世界陶醉的味道和美丽

在璀璨夺目的奢侈品世界中，香水的芬芳和化妆品的奢华犹如一场永不散去的感官盛宴，让生活在各个时代的人们沉醉其中。它们的出现，甚至让人们，尤其是女人移情别恋。华服无法日日穿着、美饰无法天天佩戴，但香水与化妆品却拥有一种奇幻的魅力，让人瞬间华丽得不可方物，让人须臾不能分离。

在古老的拉丁文中，香水有一个曼妙的名字——parfumare，意思是“穿透烟雾”。最初的香水是神圣与尊崇的象征：古希腊妇女在宗教仪式上要泼洒香水，埃及艳后克里奥佩特拉习惯使用15种不同气味的香水和香油来沐浴……香水的暗香只在宫廷贵妇轻摇的扇底、纤纤玉指间盈盈浮动。当香水从宫廷走向民间，带给人们的却是无尽的浪漫。世界著名的设计大师约翰·加利亚诺曾经说过：“香水就如音乐或回忆，在你脑海中留下一幅画。香气无形、无色、无属性，却能永远地捕捉住某一时刻或某个人。它是一种情绪、一种态度、一种安静的表达。”香水，这种拥有神奇魔力的如黄金般昂贵的液体，诉说着不同的心情，或愉悦，或狂野，或洒脱。如果你读不懂女人的香水，那么你就读不懂女人；如果你读不懂男人的香水，那么你同样也读不懂男人。

据说世界上存在着40万种香味，但对于一个有着非凡感受力和超凡品位的人来说，绝不会恒久地迷失于这纷繁复杂的香气中。香水的奇妙在于，每一款香水都象征着一种生活主张和人生态度。无论是神秘高贵的圣罗兰鸦片、浪漫梦幻的洛俪塔初，还是深情内敛的娇兰一千零一夜，人们都可以清晰准确地寻找到属于自我的“一生之水”。

如果说香水是优雅的象征，那么化妆品则是神奇的化身。香水之于化妆品，恰似双子星座。人们相信“不用香水的女人，是没有前途的女人”，找到一个一生都不化妆的女人的几率也几乎等于零。当人们懂得用化妆品来装饰自己的时候，人们就开始懂得用美丽来点缀自己的人生。爱上化妆品，爱上的就是用化妆瓶里的神奇物质在肌肤涂抹时的曼妙感受；爱上的就是用化装刷在肌肤描画时的心灵欢愉；爱上的就是它们制造出的不老容颜和他人眼里的那一抹惊艳。

顶级的香水和化妆品就是超凡脱俗的艺术品，它们的价值远远超过黄金，它们将奢侈升华为一种标志，用独一无二的味道和品质将自身升华为超越时尚的经典。每千克构成香奈尔 5 号味道主要来源的香精都要从 350 万朵茉莉花中萃取获得；雅诗兰黛的白金系列产品更融合了来自七大洲的 55 种名贵成分；娇韵诗多元瓣膜系列长期坚持采用独家植物专利技术……这些顶级产品的创始者们以制作艺术品般的虔诚，从各地搜罗珍稀原料萃取、提纯，这种专业而执著的精神让其配方经得起时间考验，也让品质得以傲视群伦。同时，那份厚重的历史积淀，让人们在享用它们的同时，更能够强烈地感受到穿越历史的文化与奢华。

本书将引领你在探寻 20 种顶级香水和化妆品的背后故事之余，无限接近人人梦寐以求的奢华世界。它们的魅力无人能够抗拒，它们让整个世界都为之陶醉，而你也绝不可错过。

目录

CONTENTS

002 香奈尔 CHANEL

风华绝代的奢华之香

如果你是懂得生活的人，你一定知道香奈尔香水。如果碰巧你不喜欢香水，也一定要知道香奈尔，因为香奈尔女士曾借用过诗人瓦莱里的名言：“不用香水的女人，是没有前途的女人。”香奈尔在香水界的地位无可替代。

016 圣罗兰 Yves Saint Laurent

古典主义的风尚代表

YSL，香水界最有名的三个字母，仿佛神奇精致的魔法棒，让所有拥有它的人，瞬间华丽得不可方物。

026 洛俪塔 Lolita Lempicka

仙境中的甘草花露

洛俪塔带领人们一起走进幻想的世界，幻想着永恒的青春、美丽和爱情。对于青涩的女孩，洛俪塔奉上一片芬芳；对于成熟的女人，则添上一种风情。对于男人，洛俪塔可以感受到他们的力量和脆弱，为他们打开男人的浪漫之门。

038 爱马仕 HERMÈS

制造低调奢华的魔法师

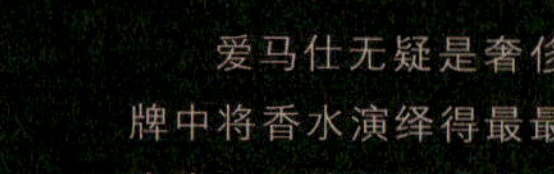

爱马仕无疑是奢侈品牌中将香水演绎得最最璀璨夺目、绝色倾城的，无处不向世人展示着它低调而不容忽略的奢华，艳丽中自有一派天真，满溢着不容仰视的贵族味道。

048 娇兰 GUERLAIN

永恒的香水世家

在法国，娇兰的名字代表着香水。娇兰是奢华的。不管是历史沉积下的奢华，还是自身定位的奢华，它给人的感觉是如此绚丽，让人沉迷其中难以自拔。香水世界中的娇兰幻化成一缕缕香气，慢慢地弥散开来，围绕着每个使用过它的人，再把自己的故事编织进去，一轮轮地传下去。

060 纪梵希 GIVENCHY

优雅风格的代名词

纪梵希香水带给人们的绝不仅仅是沁人心脾的芬芳，更是一种超凡脱俗的高贵和发自内心的愉悦与舒畅。人们随时能够在它低调而内敛的气息中回想起那个优雅的年代，同时品味着法国式的浪漫。

072 古驰 GUCCI

知性气质的完美展现

古驰香水的世界是一个温暖、感性的世界，同时也是圣洁与纯粹的世界。它用一款款微妙而让人惊奇的香水，向世人展示出这个世界的美，让人们在芬芳的环绕中，彰显自己的个性，演绎那份含蓄的诱惑，尽情散发出独有的迷人魅力。

082 高田贤三 KENZO

恬淡典雅的自然之香

高田贤三香水巧妙融合了亚洲的诗情与禅意和西方的时尚与活力，传递出一种温柔高雅、匠心独运的魅力。

094 卡尔文·克莱恩 Calvin Klein

完美主义者的爱物

卡尔文·克莱恩香水是一个梦，是很多人的梦，更是整个世界的梦。它严格实践着创始人所信仰的完美主义，即使是细微之处也显得完美无瑕。

104 伊丽莎白·雅顿 Elizabeth Arden

刚柔兼具的都市幽香

当经典传统遇上摩登现代，就造就了不凡、唯一、极致的伊丽莎白·雅顿香水。这个成就了无数神话的香水，已经成为全球无数女子的最爱。

114 雅诗兰黛 Estēe Lauder

奢华护肤的倡导者

雅诗兰黛将"极致奢华"的品位演绎得淋漓尽致。它代表的已不仅仅是一个顶级的化妆品牌，更代表着一段历史、一种传统、一套美学标准，甚至是享受的艺术。

136 赫莲娜 Helena Rubinstein

高贵与奢豪的极致梦想

赫莲娜的创始者说："我用尽毕生精力去建筑一所对抗时间的壁垒。"赫莲娜让女人被注目，被崇拜，被渴望。无论是价格还是功效，赫莲娜都牢牢地锁定了最上层最华贵的极少数，它一向是女人景仰的对象。

148 克里斯汀·迪奥 Christian Dior

奢侈与华美的最佳典范

浪漫、狂野、激情、性感、高傲、冷酷等形容词不足以表达人们对迪奥的感受。迪奥是法国风格的化身，浓缩了女人所有流光溢彩的幻想。迪奥流转的是让人无法抵挡的魅惑风情，除了迪奥，没有什么能让女人如此一见倾心。

126 希思黎 SISLEY

源自名门的美丽传奇

希思黎，这个代表着绝对尊贵、优雅的美丽名字，多年来始终特立独行，让女人在享受高品质的同时拥有大气低调的贵族气质，它带给人们的感受是如此完美而独一无二。

160 资生堂 SHISEIDO

东方唯美主义的化身

资生堂堪称亚洲最老牌的殿堂级化妆品品牌，它的每一种产品都会在点滴之处昭示出对美的独特诠释。保持东方美的神韵和灵魂一直是它的极致追求。

172 娇韵诗 CLARINS

功能性化妆品的至尊巅峰

娇韵诗坚持纯植物护肤的研发理念，所有产品均取材于纯天然的植物精华。凭借它多年来的肌肤护理、纤体经验及产品的超凡功效，娇韵诗让人懂得天然、纯净的保养才是对自己最人的宠爱。

182 波比布朗 Bobbi Brown

无可替代的彩妆望族

波比布朗将T型台上的潮流转变为现实生活中的妆容，清新、现代和持久的风格适合每个女性。凭借出众表现，它已与雅诗兰黛等顶级名牌化妆品一样，成为品位人士仰慕爱用的奢侈大牌。

214 碧欧泉 BIOTHERM

惊艳世界的化妆品大师

简单的奢华是一个全新的生活理念，作为欧洲时尚品牌，碧欧泉正是这一生活理念的倡导者。它倡导护肤产品的选择，是纯粹的个人享受，而并非为了炫耀于他人。

194 倩碧 CLINIQUE

来自皮肤科专家的护肤灵丹

在倩碧的系列广告中，从来没有品牌的代言人，因为产品本身，便是倩碧唯一的代言人。时至今日，倩碧已被世人公认为安全有效的皮肤护理品，成为享誉全世界的销售量最大的化妆品品牌。

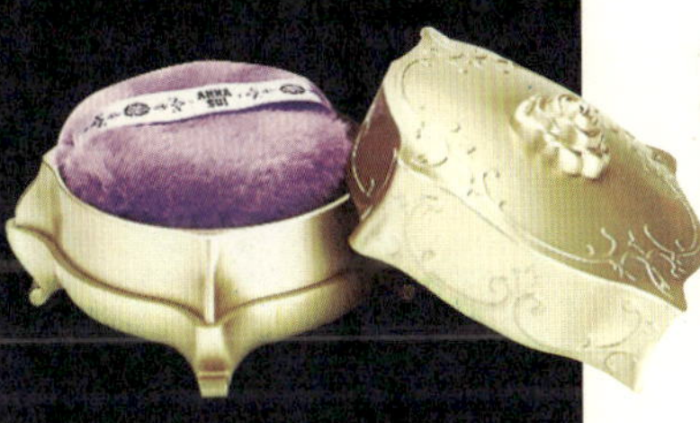

206 安娜苏 ANNA SUI

华丽的娇艳

安娜·苏的个人形象充满波希米亚的自由色彩，她的作品却尽显奢华。时尚圈是她的梦工场，天马行空时总能诞生种种奇想，让人意乱神迷。

N°5
CHANEL
PARIS
PARFUM

CHANEL

香奈尔

风华绝代的奢华之香

如果你是懂得生活的人，你一定知道香奈尔香水。如果碰巧你不喜欢香水，也一定要知道香奈尔，因为香奈尔女士曾经借用过诗人瓦莱里的名言："不用香水的女人，是没有前途的女人。"香奈尔在香水界的地位无可替代。在20世纪二三十年代，几乎每个女人都渴望拥有它，认为它是成功女性必须拥有的东西，其次才是裘皮大衣。

有一样东西，可以穿，可以戴，可以炫耀，可以虚荣，可以自恋，可以自艾，还可以拿来谈恋爱，这就是香奈尔。当你找不到合适的衣服时，就买香奈尔的小黑裙；如果你为了感情而失眠，就干脆洒着香奈尔5号裸睡。女人怎能不爱上香奈尔？那朵甜美又媚惑人心的山茶花，就好像所有女人的马太福音。

还有什么是香奈尔做不到的吗？还有哪个品牌可以像今天的香奈尔一样，涵盖"经典"、"年轻"、"优雅"、"活力"、"性感"、"创意"等所有美好的形容词呢？在以当设计师为梦想的专门学校里，一位造型设计课的讲师遇到了这样的要求："老师，可以用香奈尔作为学期奖赏吗？"在稍微停顿一下之后，老师这样问："香奈尔有许多类的商品，你们想要哪一项呢？""只要是香奈尔，什么都好！"

茉莉花是香奈尔香水的象征与偶像，香奈尔女士特别喜爱白色的花，而独具魅力的茉莉花更被誉为“花之明星”。香奈尔香水的神秘无处不在，并由茉莉花神奇地展现出来。格拉斯的茉莉花是世界上最昂贵的，在临近法国南部格拉斯的田野里，从5月初到10月底，有大朵花瓣的格拉斯茉莉花，嫁接到小朵花瓣的药材茉莉花，是香水世界独特的发明，并区别于所有其他的茉莉花。

为避免损坏花瓣和香气，必须采用人工采摘，从7月一直持续到10月。因为茉莉花不喜欢阳光，采摘往往始于黄昏。最好的工人1小时可摘500~700克花。1千克即1万朵花，350千克花可生产1千克香精，最终提取出550克精华，构成香奈尔5号的香气。香奈尔公司调香师贾克·波巨骄傲地说：“如果与其他所有的香水比较，香奈尔的香料一直是不可取代的。”“嗅觉是最神秘的、最人性化的要素之一。”这是香奈尔女士曾经说过的一句话，而格拉斯茉莉的生长就是如此人性化。

如果说香奈尔女士本身就是20世纪30年代的明星，没有人会持异议，更准确地说，她应该是明星中的明星。她被美国报纸誉为“最耀眼的时装设计师”。那些好莱坞的大牌需要排一个月以上的长队才能求得一款她的设计作品。嘉宝、玛琳·黛德丽、奥黛丽·赫本都是她的忠实顾客。

香奈尔最大牌的明星代言人无疑是玛丽莲·梦露。谁能忘却在1954年当记者问她穿什么入睡时的经典回答——我只穿香奈尔5号入梦……80年过去，香奈尔5号依旧是全球销量第一的香水。

香奈尔5号是第一款以设计师名字命名的香水，甚至有人称它为第一款嗅觉艺术品。“不用香水的女人，是没有前途的女人。”香奈尔最爱引述瓦莱里的这句话。与香水的亲密接触始于瓶身，当接触到它清澈、光滑、无瑕的表面，那种愉悦的触感无以言表，在此之后才是香味本身。点几滴香水，优雅地将之抹于耳后，那是一种充满优美与承诺的姿态。在任何一种情况下，香奈尔5号都可以为一个女人加分，让她们感受到梦露般的体验。

香奈尔简直无所不能，似乎当年那个精明强干而又特立独行的香奈尔拥有某种穿越时空的魔力，像一个法力高强的女神（或者说女巫），保佑着自己创下的品牌永远占领时尚界最尊贵的坐席。今天，还有哪个品牌能这样得到一家三代——祖母、母亲、女儿的同时钟爱？唯有香奈尔。

没有哪位设计师像香奈尔那样一生多彩多姿，当年人们对她的着迷不亚于今天西方女性对杰奎琳、戴安娜的迷恋。香奈尔不仅具有现代女性的美丽、诙谐、乐观、引起争论的气质，而且她勇于面对现实，有坚强的独立心和与众不同的天赋。她曾经充满自信地表示自己的字典中找不到“不成功”三个字。

CHANEL

法国前文化部长马尔罗曾经这么说：20世纪法国有三个名字可以永垂不朽：戴高乐、毕加索和香奈尔。被众多爱她的人亲切地叫做“可可”（CoCo）的香奈尔，在她还是小姑娘时就从法国外省乡间走来，走进了神话、童话和诗话交织混杂的巴黎，也走进了荣华富贵、鼎盛繁荣当中，创造了一个时尚王国；又走出喧嚣，悄悄逝去，走完了漫长而色彩绚烂的人生，也走完了一个神话、一篇历史，而给人们留下的，是一缕淡雅悠远的馨香……

香奈尔，使得她出名的是淑女的黑色上装、香奈尔套装和香奈尔5号香水。香奈尔的三件创造——香水、套衫和上装，足够女性享用几个时代、若干世纪。

这一切都出自独具匠心的一双纤纤素手。香奈尔开创了整个时代。即使是普通的女人靠香奈尔也可以获得一种另类的狡黠慧美。香奈尔让女人们从容优雅又简洁质朴地穿衣戴帽，使女性感觉自己已经不再是男人的附属品，反而事实上性感倍增。

香奈尔特别能够在男人们身上吸取精神和灵气，并且用到她的服装设计上。香奈尔女装的背面，人们往往可以看到男性服装的零件和精神，像男性运动衫、领带等。模仿男性反而取得解放，正是这些不起眼儿的硬件软件，构成了香奈尔上升的第一个阶梯。

香奈尔经典的风格一直是时尚界的鼻祖。她最钟爱用黑色与白色进行美丽的幻化，实现一种绝对的美感以及完美的和谐。她留下许多对流行的看法，成为引导这个时代风尚的直接心灵导师。她认为美指的是内外皆美，虽然流行不断推陈出新，但是风格永远不会被淘汰。同时她深信“简单”是让美好质感呈现的最佳方式，她留下的经典设计包括香奈尔5号香水、斜纹软呢、双色鞋、黑色小洋装，等等，经典的配件就是主张让女人双手空出来的皮革穿链带的手提包，她钟爱的山茶花也依旧绽放在绸缎的晚宴包浮雕花样里。

香奈尔曾经说过：“我不能理解女人为何不能只是为了表现礼貌，出门前都好好打扮一下，每一天谁知道会不会是命中注定的大日子?”女人的时尚、女人的香奈尔精神，让这个世界更加美丽缤纷。

N°5
CHANEL
PARFUM
N°5
PARFUM
N°5
CHANEL
PARFUM
N°5
CHANEL
PARFUM
N°5
CHANEL
PARFUM

香奈尔虽然由服装起家，但早在 1925 年她就开始委托生产少量腮红、口红和保养品，供自己和客人使用，仅在香奈尔服饰精品店陈列，但这些商品已打上香奈尔名号。1921 年 5 号香水上市，香奈尔开始往香水、化妆品领域进军。现在香水与化妆品已成为香奈尔表现相当出色的项目，每隔一阵子就推出一种新香水。

对于香水，香奈尔自有她的高论："香水应该像当面一巴掌那样，用不着待了 3 小时才让人闻出来，要很浓郁才行。"

而她心目中最完美的香水，应该是香奈尔 5 号那样的带有男性色彩的香水，剔除掉麝香这种带女性味的香气。"我要给女人的是一种人工制造的香水，我所谓的人工指的是像衣服这样的物品，换句话说也就是创造出来的。女人需要的不是玫瑰或者欧铃兰，女人要的是一种人工合成的香味。"

在领导化妆品流行方面，香奈尔也煞费苦心，每一季都会推出一种新商品，而且过季不售，所有产品极具市场吸引力及魅力。香奈尔近几年也推出护肤系列，并为中性及干性等各种肤质设计不同的护肤程序。这几年香奈尔积极进军亚洲保养品市场，展现出强烈的雄心。

如今，"双 C"已经成为一种时尚界的骄傲，香奈尔已经成为全球最知名的品牌，也是地球上女人最想拥有的品牌。香奈尔双 C 的经典 LOGO 将永远席卷时尚流行，永不缺席。

N°5
CHANEL
PARIS
PARFUM

CHANEL

香奈尔5号是香奈尔第一款香水，也是数十年来最负盛名的一款香水。它独特的优雅花香调让它成为全世界最伟大也最为知名的香水。它把简洁的奢华升华为一种标志，用独一无二的香味和包装制造了一款超越时尚的经典。相信没有哪个女人可以逃过香奈尔5号的神奇魔力，就算是如玛丽莲·梦露般的女人也被它低调典雅的香气深深吸引，演绎出一段女人和香水的佳话。

如果要说香奈尔香水，就一定要说香奈尔5号。香奈尔喜爱香水，体会到香水和时装的共通之处，并创制香水使她的时装更完美。而她对于香水的天赋，如同她之于时装。她在20世纪初创造的香水品味，依然是今天的时尚。据说菲律宾的一个渔夫，走进一家昂贵的精品店里，他没有开口说任何话，只是沉默地伸出五根手指，就买到了他所想要的那瓶香奈尔5号香水。

大概没有比1921年问世的香奈尔5号更有名的香水了。香奈尔5号，让“5”成为香水界的一个魔术数字，代表了一则美丽的传奇。

曾几何时，巴黎康朋街的香奈尔旗舰店门前，长达500米的顾客长龙，排队等候购买香奈尔5号；20世纪50年代，梦露宣称“睡眠时我只穿香奈尔5号”，这支香水由此成为性感的象征；时至今日，它仍是世界上最畅销的香水，为现代女性营造出实现梦想的最佳氛围。

在香奈尔之前，没有人胆敢朝花香之外的香氛求发展，而特立独行的香奈尔女士却向当时的嗅觉大王恩尼斯要求一种气味突出的香水。她对恩尼斯说：我要人工合成的香味。

当香奈尔女士要恩尼斯替她开发合成香水时，恩尼斯还心存怀疑，但他不久就发现香奈尔女士意志坚定，而且决心独树一帜。香奈尔对恩尼斯的试管产生了兴趣，要求到实验室参观。在恩尼斯带着香奈尔四处观看之时，他发现香奈尔的嗅觉超级敏锐。她说：“如果有人拿朵花给我，我可以从花中嗅到摘花者的手味。”她很快学会分辨香精间的差异。

恩尼斯使用乙醛与真花提炼的香精配合，令香味持久。最后，恩尼斯将样品删减至七八种，经过斟酌，香奈尔挑出5号样品。她说：“这就是我要的。一种不同于以往的香水，一种女人的香水。一种气味香浓、令人难忘的女人。”这就是关于“香奈尔5号”名称的由来，还有一种说法是说“5”是香奈尔的幸运数字。

香奈尔5号是第一支乙醛花香调的香水。当时的香奈尔5号香水打破了以往香水只能由一种

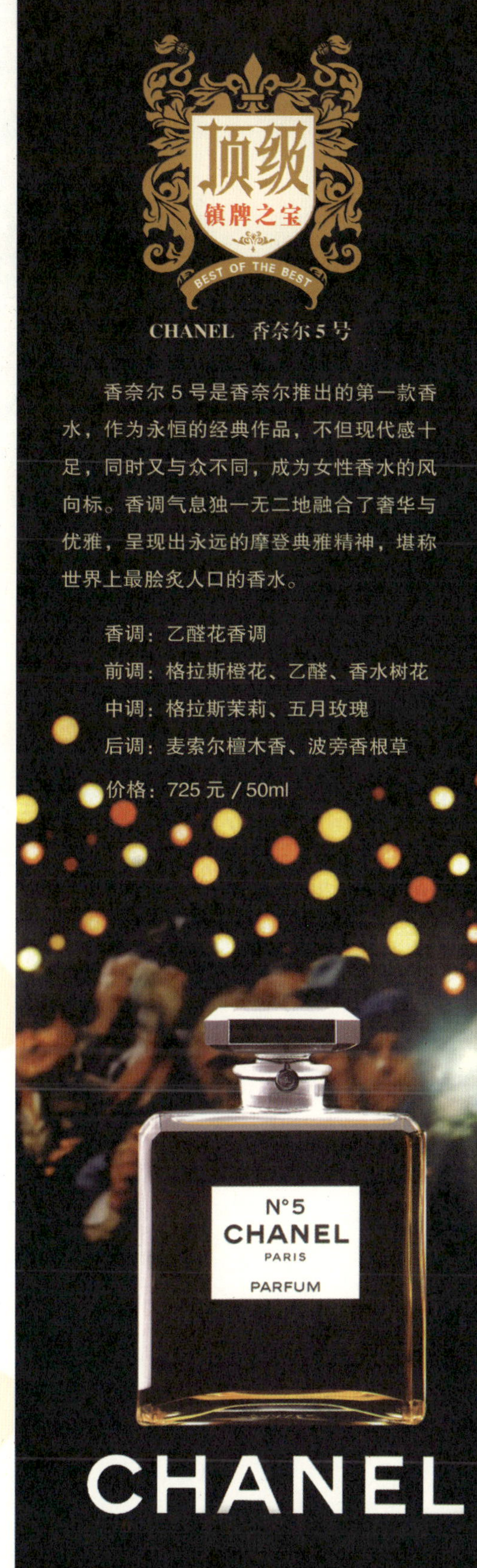

CHANEL　香奈尔5号

香奈尔5号是香奈尔推出的第一款香水，作为永恒的经典作品，不但现代感十足，同时又与众不同，成为女性香水的风向标。香调气息独一无二地融合了奢华与优雅，呈现出永远的摩登典雅精神，堪称世界上最脍炙人口的香水。

香调：乙醛花香调

前调：格拉斯橙花、乙醛、香水树花

中调：格拉斯茉莉、五月玫瑰

后调：麦索尔檀木香、波旁香根草

价格：725元 / 50ml

CHANEL

鲜花调配的传统，选用了新的合成物质乙醛，以及五月玫瑰、茉莉，成为了第一款使用多种鲜花调配出来的香水。

香奈尔 5 号香水的香味由法国南部格拉斯的五月玫瑰、茉莉花和乙醛等 80 种成分组合而成，清幽的繁花香气突现女性的娇柔妩媚。先由依兰与橙花作序，然后是五月玫瑰和茉莉的完美混合，散发出匠心独具的花香气息。木香是后调发放的迷人精粹，当中包括取自檀香木的怡人气味。

香奈尔女士崇尚简洁之美，她希望以简单而不花哨的设计为新诞生的香水做包装。状如宝石切割般形态的瓶盖，透明水晶的方形瓶身，香奈尔 5 号只保留给香奈尔的最佳客户。1930 年，香奈尔特邀当时的著名摄影师霍斯特为香奈尔 5 号的瓶身拍照。1953 年，香奈尔 5 号成为第一个使用电视打广告的商品。

香奈尔 5 号在香水界掀起了翻天覆地的变革。为了确保香水的质量不随季节变动受到影响，香奈尔特地选择在法国的格拉斯大量种植五月玫瑰和茉莉，至今仍专供香奈尔 5 号使用。直到今天，香奈尔 5 号依然稳坐世界销售冠军的宝座。正如那些专家一样，女性们都同意将香水历史分为两个阶段：香奈尔 5 号之前与香奈尔 5 号之后。

对于香奈尔，香水是时尚设计的延伸，是人们最内心的层面，是流行时尚的诗歌，是它安静又神秘的一面镜子。

自香水历史开始的那一刻，香水便与人们结下了不解之缘。人们爱香水，甚至胜于爱自己。香奈尔作为把香水带入时尚界的先锋之一，用细腻的思维帮助人们营造了一次又一次嗅觉上的盛宴。香奈尔的香水随着时间已写满了厚厚的一叠书页。

香奈尔可可香水 >>>

由香奈尔香水创作总监贾克·波巨于 1984 年创制的香奈尔可可香水，灵感来自巴黎康朋街上的香奈尔旗舰店。那里散发着经典的味道。优雅的瓷漆屏风，宽敞的几何组合米色小山羊皮沙发，中西合璧的艺术品与优雅格调，让贾克·波巨赋予香奈尔可可香水与众不同的尊贵特质。

“女人对嗅觉的背叛，唯有感觉可以解释”，含蓄简单的赞赏，却直接传达了香奈尔可可香水的超凡吸引力。

琥珀辛辣花香是香奈尔可可香水令人沉醉的源泉。白芷与橙花是惹人注目的轻快前调；印度茉莉、土耳其蔷薇与加斯加利刺花带来的甜蜜香气则浓烈馥郁；继而散发的檀木芳香，正好缓缓带出深层后调云呢拿香草与玉豆的持久雅致幽香。

香奈尔 19 号香水 >>>

为纪念香奈尔的生日——8 月 19 日，亨利·罗伯特于 1970 年创制了香奈尔 19 号。这是一款充满阳光般和暖气息的感性香水。正如香奈尔女士所言："我需要与众不同，而且不可取代。"

源自混合花木的独特气味、和悦轻快的独特格调突破了传统香水的发展领域。橙花与伊朗白松为前调，随之而来的是佛罗伦斯鸢尾花、洋水仙与五月玫瑰的中调花香，后调则是由维珍尼亚杉木与南斯拉夫青苔融合的幽香。

1988 年，贾克·波巨研制了香奈尔 19 号淡香水，以甜美花香为前调，用风信子、依兰及谷中百合提炼后调气味，为完美香水带来突破创新的延续版本。

香奈尔邂逅香水 >>>

这是一瓶充满对比感的香水，它的香味敏锐直接，却又蕴藏无限惊喜在这圆形的瓶身里。"香奈尔之鼻"贾克·波巨，在香奈尔的香水世界里创造了这一让人惊艳的香味。不断运行的星群香调结构产生千变万化的香味，让香水充满了见到恋人般的美妙感觉。

CHANCE
CHANEL

香奈尔魅力男香 >>>

香奈尔魅力男香没有以往男士香水那种浓浓的气息，有的是一种偏向中性的香气，清新中略带辛辣。这款香水所具有的独特鲜果香味，使男人呈现出成熟的韵味。它以现代男性需要四处游历的生活为灵感，为男人打造一种真实而经典的新香气，是一款令男士魅力倍增的香水，贾克·波巨本人用的就是香奈尔魅力男香。

贾克·波巨认为香水的前调、中调、后调已不足表达魅力男香的复杂细腻之处，为此他特别创造出四种互相平衡的香调。第一种香调是清新调，由柑橘与香莱主导出绿意盎然、活力四射的浓密香气。第二种香调是感性调，以东加豆与劳丹脂打造亲密的气氛，充满着神秘气质。第三种是木香调，以西洋杉融合香根草呈现利落坦率的气质。最后，辛辣调激发出胡椒的香气，呈现出完全的男性气概，引发一种热情的爆发力。

YVES SAINT LAURENT

圣罗兰

古典主义的风尚代表

YSL，香水界最有名的三个字母，仿佛神奇精致的魔法棒，让所有拥有它的人，瞬间华丽得不可方物。

伊夫·圣罗兰曾说过：“我为女性创造经典香水，让她们与男性一样充满自信。”当他在全世界媒体热切的眼神中，终于宣布告别近半个世纪的设计生涯时，全世界的名媛淑女们都在哀叹上世纪的流行时尚被画上了句点。伊夫·圣罗兰自始至终力求高级香水如艺术品般完美，并赋予它纯粹的艺术品位。他说：“每一种艺术都有自己的表达方式，我的艺术是用香水来表达的。我要赋予香水一种诗的意境。”这种梦一般的香水，正是源于这个男人的才华和想象。

圣罗兰香水永远是那么清新、干净、富有亲和力，犹如丛林的神秘、阳光的活力和湛蓝的忧郁，为人们披上自信的外衣，无须过多的言语，人们只管静静地徘徊其中，自有那些香味在这一片幽暗和宁静中显示出不同寻常的灿烂和激情。那种典雅的灿烂，那种凝重的激情，无不在倾诉着对生活尽善尽美的追求。

创始人

伊夫·圣罗兰
皮埃尔·贝尔奇

创始时间

1961 年

创始地

法国·巴黎

圣罗兰香水常以花卉树木为基调调和，它高雅的瓶身设计与命名都令人心驰神往。

圣罗兰香水雍容大气，品位高雅，又洒脱随意，完美地体现了经典香水以及时尚新潮的风范。在悠久漫长的香水历史中，圣罗兰香水总是能掀起阵阵波浪。

圣罗兰香水汲取了伊夫·圣罗兰的设计灵感，将艺术、文化的多元因素融入香水的设计之中，将普通市民的文化教养与浪漫色彩，超现实地融为一体。由繁至简的香水瓶设计，线条温婉恰当，款式现代奢华，色彩鲜艳华丽，衬托出圣罗兰香水鲜明的个性，从而为那些性格倔强、毫不掩饰心理矛盾、不受任何约束和我行我素的人们增添了许多光彩。在圣罗兰看来，他的香水应该为人类的发展进步作出贡献，尤其使女人得以进入一个她们早先不可能进入的广阔天地，即男性掌握权力和享有自由的天地。事实证明，他成功了，仅仅凭借那一小瓶香水。

圣罗兰香水强调快乐与性感，它将古典贵族风格的奢华与流行文化的激情与热烈相结合，创造出脱俗、奔放与高雅、华丽共存的无限魅力。它体现的是用古典主义对抗平庸俗气，用细致严谨对抗轻浮浅薄，用男子气概对抗女人习性，用远东风格对抗西方风格，用“返璞归真”对抗未来派，用运动员作风对抗过分精雕细刻的风格。

在对香水瓶的设计、香味的敏感、香料的选择上，圣罗兰都是顶尖的。他的不少作品已成经典，尤其是 1977 年圣罗兰大胆推出的形象妖艳的鸦片女香，更以其辛辣、神秘的芬芳香味被公认为东方香型的代表品牌之一，一直风靡全球，畅销不衰。

执香水界牛耳的圣罗兰，用巴黎左岸创新、时尚的独特风情开创了色彩缤纷、浪漫高雅的圣罗兰时代。自1964年推出第一款香水起，圣罗兰品牌始终传达着高雅、神秘以及热情的圣罗兰精神，并代表着香水界发生的革命性的变化：把追求美的权利还给了女性。

伊夫·圣罗兰出生在一个生活富裕的家庭，祖先多从事法律相关事业，也有曾被封为男爵的，父亲从商，拥有保险事业及电影制作事业，因此伊夫从小在家中就可以从经常的晚宴中接触到许多时装服饰。

自从1953年初到巴黎，这个永远给人感觉有些怯生生的、生于阿尔及利亚的法国人，一直就向往躲在“一个想象和孤独的艺术世界里”。圣罗兰对此解释说：“这样可以保护自己。”当时，17岁的他把自己创作的时尚画给《时尚》杂志总编米歇尔·德布霍夫看，后者一下子就注意到他惊人的设计才华，于是把他推荐给了著名时装设计师克里斯汀·迪奥。不到一年，迪奥公司三分之一的时装设计就出自圣罗兰笔下，次年他就被升为技术指导员。

不久以后，迪奥突然去世，圣罗兰临危受命，接下了即将到来的时装发布会。世界时装界至今都难以忘怀1958年1月那个激动人心的春装发布会，媒体竞相采访这个不过21岁的小伙子，闪烁不停的镁光灯下是那套名为

"TRAPEZE"的系列时装和永远藏在黑色牡蛎框眼镜后的躲闪的双眼。那套用黑色毛绸设计出的饰有蝴蝶结的及膝时装，成就了他"迪奥二世"的美名，并使之成为迪奥公司的首席设计师。

也许是天意，圣罗兰没有继续栖息在迪奥的影子下。1960 年法国和阿尔及利亚的战争爆发，他应征入伍，对出生地的感情引发了孤独和不安全感，使他得了精神崩溃而被送进医院。医生用了大量的镇静剂才让他安静下来。没想到就像他告别设计界演讲时说的那样，从此他再也离不开麻醉剂和毒品了。

圣罗兰的创意总监在 1998 年推出了全球首支以音乐为主题的香水——圣罗兰爵士男香，就此树立了圣罗兰时尚世界中新的男性典范。而爵士中性香水，香味更加清新淡雅，更能满足人们对香水的好奇和渴望。这款木质香调的香水由檀香、玫瑰、天竺葵等组成。

1961 年，圣罗兰和忠实的合伙人皮埃尔·贝尔奇创建了圣罗兰时装屋。在 20 世纪六七十年代，圣罗兰基本上代表了反叛权威的精神，他的设计不仅走在尖端，甚至惊世骇俗，例如喇叭裤、套头毛衣、无袖汗衫、嬉皮装、长筒靴、中性服装、透明装，等等，都是他的创造发明。在当时喜爱反政府示威的学生都是他的死忠客户。圣罗兰注意到成衣路线发展时，在巴黎塞纳河左岸开设了第一家成衣店，到了 1971 年他已经拥有多家连锁店，甚至当他将成衣销往伦敦后，造成当地服装店生意一落千丈。

在 1964 年，圣罗兰推出了第一支香水，以他名字第一个字母“Y”命名。圣罗兰自嘲说：“埃菲尔铁塔可不只是一个倒写的 Y。”之后他又推出不少香水作品，到 2001 年被法国总统希拉克授予法兰西荣誉团统领为止，40 年来圣罗兰的魅力风靡世界，所获殊荣无数。如果说有一种毒瘾他一生都戒不掉，那无疑就是荣誉本身。

圣罗兰长期执著追求的信念是，“时装不仅仅是用来美化女性的，同时可以使女性变得坚强，使她们有信心去实现自身作为女性的价值”。他还直言不讳地指出了当今某些设计师利用时装去满足自我虚荣心和个人幻觉的一些倾向。圣罗兰是又一个拒绝与盎格鲁-撒克逊式的商业模式作出妥协的孤独者，因此他觉得自己在这个“商业优于艺术”的时代越来越孤独。“就像你一个人打网球没什么劲一样，这时候，收起球拍要比等在那里没有人接球好得多。”对于设计艺术本身的偏执，就是他的原则和信仰。就像法国曾隆重纪念的作曲家甘斯伯和大导演基斯罗夫斯基一样，总有一些人只认同自己对生活的理解，永远孤独并无悔地走下去，而且还会有的。

或许皮埃尔·贝尔奇是世界上最了解圣罗兰的人，他说圣罗兰总是远离喧嚣，生活在不安中。“他生来就有一种神经质式的忧郁，总是害怕失望”，就像他最喜爱的作家普鲁斯特笔下的人物：所有人的所爱，却是一个人的惶恐。

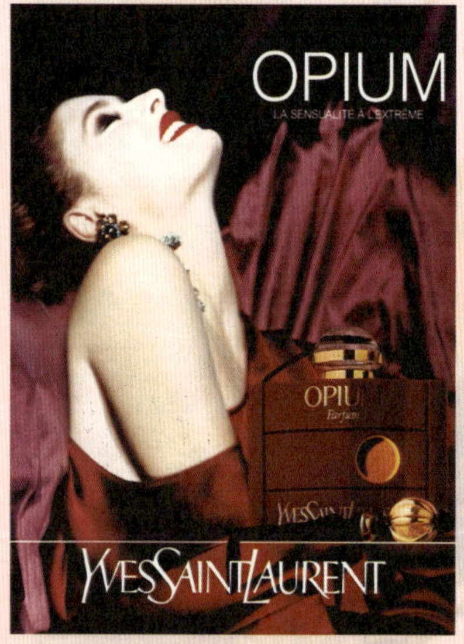

圣罗兰香水的特色在于明显区分使用者的个性和生活方式，而且命名也极富争议性，其中最著名的应该是鸦片香水，它是圣罗兰第一瓶世界级的香水，也是第一瓶突破传统命名方式的香水。

YSL
YVES SAINT LAURENT

“他的生活是一个神话，他的名字是一个帝国。”在20世纪20年代、40年代之后，法国香水经历了第三次高潮——20世纪70年代，女权运动高涨，女性解放再次成为主题，女人们脱下裙装换上长裤。圣罗兰的鸦片香水就是这个时期最杰出的代表，不论其散发出的诱人的东方之香，单论其名称就惊世骇俗。

在圣罗兰鸦片香水问世的时候，东方香调的香型并不时髦，但是鸦片香水改变了这种状况。当然，比起纯正的东方香调来，它更加清淡和具有大都市味。圣罗兰宣称：鸦片香水是打开众香梦之门的钥匙。

诞生于1977年的鸦片香水，连其出现都具有传奇色彩。20世纪70年代初期，伊夫·圣罗兰被东方的神秘文化、奇妙幻想深深吸引，开始了在亚洲各地的旅行。在东方的旅行让他眼界大开，也给他的设计系列带来很多的灵感，他设计了很多以东方为主题的系列。从中国他带回一只鼻烟壶作为收藏。当他把玩着这只鼻烟壶时，突然想到，会不会有一瓶香水，如同鼻烟壶般瑰丽华美，如同鼻烟壶里所装的鸦片般，充满诱惑、让人上瘾，深陷其中无法自拔。因此，他受到启发创造了经典的鸦片香水。

这款由鼻烟壶为灵感创造出来的香水，外形就好似一只精致华丽的鼻烟壶，香水瓶身上的雕刻宛若罂粟花纹。而瓶子里隐藏的，是馥郁神秘又华丽的东方辛香调香味，最能传递出诱惑而引人沉沦的讯息。曾有一位澳洲昆士兰的首领禁止这种香水在他的领地使用，据说是因为用了之后会像吸食鸦片一样上瘾。鸦片香水确实有它的魔力，一闻之下就会有相当深刻的印象。漆饰瓶身上镶嵌着流光溢彩的金饰品和晶莹碧绿的翡翠，加之黑色的丝带，尽现了王朝的颓废和奢华，充满着危险与神秘的诱惑力。香味是东方辛辣调，完全的异国风味，堪称东方香调的经典之作。

伊夫·圣罗兰写到：我选择鸦片作为香水的名字是希望它可以快速地扩散它的能量，以非凡的速度传播到心脏，使人神魂颠倒，让生命充满激情。

圣罗兰鸦片香水的成功还在于由海狸身上提取的动物之香，加入南国的新鲜水果和有着异国风情气息的香辛料融合配制，充满原始质朴的感觉。纯朴气息的甜香极具个性魅力，迷人浪漫不争奇斗艳，收敛清爽中透着协调纤细的香味，这样的调香技巧掳获了所有人心。不仅仅是瓶身与名字，这样的香调也是它成为众人议论关注焦点的一个原因。鸦片香水盛极一时，成为20世纪80年代陆续登场的“坏名香水”的先驱，至今仍位居销售榜前十名。鸦片男香于1995年生产，也是东方香型，成熟但并不厚重。

鸦片香水让非常喜爱中国的圣罗兰圆了个中国梦，也让人们通过这诱人的味道更了解这位法兰西香水世界最有灵性的大师：随着他进入了博物馆，带着那种普鲁斯特式雅士的沉默和距离穿越这一切，这一切荣誉，这一切敬意，这一切嘈杂。他是反抗者，他是局外人，他无视时尚，因为他懂得一切能在人心里留下永久回味的超越。圣罗兰对女性的关照不会遗漏任何细节。鸦片香水则更像一个神秘、奇妙、具有异国情调的世界，它唤醒所有的女子，并再现东方至高无上的文化魅力。

Yves Saint Laurent　圣罗兰鸦片香水

圣罗兰鸦片香水生来就承继了伊夫·圣罗兰的高贵气质，这是一款奠定圣罗兰的香水事业的世界级香水，古铜色、金色、大红、银色、紫色、闪着银光的黑色，这些礼服上常见的颜色与它出奇地和谐，在晚会上和隆重场合常用到的丝绸、天鹅绒、塔夫绸和闪光的珠饰，都会与它相得益彰。

香调：东方调
前调：茴香、黑醋栗
中调：中国姜、四川胡椒
后调：西洋杉、树脂

价格：520元/50ml

这是一个经历时间洗礼却风采依然的悠久品牌，也是严格挑剔的时尚界极力推崇的经典品牌中最璀璨的一个，几乎在世界各国都可以看到它的商标，它就是伊夫·圣罗兰。

YVES SAINT LAURENT

优雅不在服装上，而是在神情中。这位展现跨年代魅力，在时尚界呼风唤雨的重量级设计师伊夫·圣罗兰，对于奠定法国巴黎时尚之都的地位功不可没。他拥有艺术家的浪漫特质、对于色彩的精准拿捏，还具有挑战世俗的大胆作风。他的出现，为时装界注入一股新鲜动力，让时尚彻底活了起来。圣罗兰不仅在服装上的表现可圈可点，其版图也扩大至饰品、香水、化妆品、手表、眼镜、配件等领域，圣罗兰精神更是随着那缕缕香气而经典长存。

圣罗兰粉红情窦夏日限量版 >>>

2005年夏日推出，轻柔的香味中带着甜蜜的恋爱气息。前调的温柔由杏仁的香味和充满活力的葡萄柚的清新相混合，散发出令人想拥抱的气息。中调由崭新配制的清新茉莉和百合带来夏日的清爽及幸福感。后调由轻快透明的麝香和香柏木相混合，创造出性感、成熟的恋爱氛围。

圣罗兰恋爱占卜魔力香水限量版 >>>

2006年圣罗兰推出限量恋爱占卜魔力香水。它是全球首支以神秘的占卜为设计主题的香水，创意灵感源自古老的塔罗牌，结合少女们最心系的恋情，轻柔的香味中带着甜蜜的恋爱气息。前调融入象征恋爱酸甜的葡萄柚与红醋栗，野玫瑰沁出温柔又神秘的气息。中调散发着小苍兰与小豆蔻和肉桂的温柔气息，带来占卜魔力的奇幻旅程。后调由梦幻的糖浆和香柏木相混合，创造出清甜、浪漫的恋爱氛围。

圣罗兰香槟香水 >>>

这是一款属于宴会和欢乐的香水，打开瓶盖的那一瞬间，快乐就如同香槟一样喷洒出来。优雅的造型就像是一瓶香槟美酒，让人舍不得割舍真爱。温柔的前调和中调是花果香调，由红橘树、紫罗兰叶、玫瑰油、荔枝、桃子和丰富的花朵组成。温暖的后调由麝香、鸢尾、檀香、琥珀组成，非常强调女性化的香甜花果气息。也正如圣罗兰服饰走向的变革，瓶身的造型设计依循原有系列灵感。

据说古板的法国政府反对圣罗兰用“香槟”这个词，因为他们认为这是香槟酒的专用词，并因此罚了圣罗兰五万法郎以赔偿酒商的损失。1998 年这款香水被迫改名为“醉爱”，味道也从花果香调转为柑苔香调。但是心有不甘的圣罗兰做了自己限度内的反抗——香水包装和海报都没有更换，仅仅只是改了标签而已。

圣罗兰恋恋情深香水 >>>

圣罗兰恋恋情深香水的创作灵感，来自圣罗兰每年都会寄给朋友的他亲手制作的贺卡的其中一张。主要香调为葡萄柚、葡萄、郁金香与黑莓。

如果试闻恋恋情深，第一感觉是清甜的水果香，令人很快地融入其中。恋恋情深的果香是含蓄的，仿佛应该出现在细雨蒙蒙的天气里，多了一分哀愁，让人充满怜惜。当人们沉浸在一丝悲情中时，它又给了人新的感受，那是安逸的花香，很典雅，很美丽，楚楚动人，但是那丝悲伤的感觉一直没有消失。前调好像昙花一现，中调也不是很长久，当人们开始怀疑它的留香是否像过眼云烟，转瞬即逝时，它那傲慢的檀香又开始弥漫，散发着高贵气质，蔓延开来，让人彻底陶醉在这清爽的味道里……

创始人
乔西安妮
约瑟夫
创始时间
1983年
创始地
法国·巴黎

Lolita Lempicka

洛俪塔

仙境中的甘草花露

洛俪塔带领人们一起走进幻想的世界，幻想着永恒的青春、美丽和爱情。对于青涩的女孩，洛俪塔奉上一片芬芳；对于成熟的女人，则添上一种风情。对于男人，洛俪塔可以感受到他们的力量和脆弱，为他们打开男人的浪漫之门。

当公主遇见了王子，世界上便有了童话和爱情；当现实遇见憧憬，生活便多了希望和期待；当香水遇到了梦幻，人间便有了让人惊艳的洛俪塔。童话和仙境的色彩总是萦绕在洛俪塔这个香水品牌周围，进入到洛俪塔的香水世界，就如同爱丽丝漫游仙境，生活瞬间充满了童话般的光彩和愉悦！

洛俪塔，来自法国的顶级香水，以它极致的浪漫征服了法国乃至全世界的时尚界，它从自然中汲取灵感，驰骋她不羁的想象力和个性，为人们带来一个又一个惊喜，就像仙女的礼物，无穷无尽而又璀璨迷人。

洛俪塔每一次的出现总会唤起人们心底由于儿时记忆被唤醒的美好悸动。它将神秘、浪漫、奢华、激情和典雅的法国时尚气息带给全世界，为人们打开通往童话世界的大门，向世人诉说着永恒的爱情童话。在那里，每个人都可以成为童话世界里的主角，用梦想创造着自己的童话。

神秘、轻灵，金色的LOGO流露出洛俪塔不经意的奢华；而常春藤、鸢尾花、甘草、樱桃和紫罗兰作为常用的香料更为洛俪塔增添了几分田园气息，带给世人关于“香气的幻想”。

从 1997 年推出了洛俪塔初香水起，洛俪塔以她无尽的创意，完美地为人们诠释了爱情和美丽，而她的神秘、奢华和极致的女性美也因此得到了时尚界的关注与宠爱。在短短 10 年里，洛俪塔被 FIFI（香水界的奥斯卡奖）分别评为法国市场、欧洲市场和美国市场最佳香水，被 ROSAE 组织评为法国女性最喜爱的香水品牌，更取得了法国单一香水品牌销量前三名的骄人成绩。

Lolita Lempicka

洛俪塔一个初始般空灵的声音，一个把人们领入魅惑世界的名字，潜隐着小小的骄傲。她用魔法召唤洛俪塔和琅碧卡的灵性，糅合出一种无法比拟的吸引力。

大部分的设计师，都是以自己的名字来为服装品牌命名，但是乔西安妮和约瑟夫这对法国设计师却不按牌理出牌，他们创造了“洛俪塔·琅碧卡（Lolita Lempicka）”这个新的品牌名称（简称洛俪塔），Lolita 来自俄裔美国小说家纳博科夫同名小说《洛丽塔》，而 Lempicka 则是一个画家的姓，Lolita Lempicka 由 Lolita 和 Lempicka 两个单词组合而成。

在设计师看来，洛俪塔（Lolita）身上有着少女般的迷离慵懒，而琅碧卡（Lempicka）则是热情如火。洛俪塔·琅碧卡将迷离慵懒与热情如火这两种完全不同的气质融合在一起。后来甚至为了这个名称，两人分别改名为洛俪塔和约瑟夫·玛丽·琅碧卡。

出生于法国著名产酒区波尔多的乔西安妮，最初由做裤子缝制的母亲手中学得裁缝技巧，后来开始从事二手衣的改造工作。她利用巧手和创意赋予二手衣截然不同的全新样貌，得到颇多顾客的喜爱。1983 年，她和丈夫约瑟夫创立了自己的品牌“洛俪塔·琅碧卡”，隔年就在巴黎开设第一间精品店面，而几乎是立刻地，洛俪塔的服装受到了广大顾客的欢迎。

作为一位天才的梦想家，洛俪塔不满足于将设计的触角局限于服装领域，于是，在全球，洛俪塔拥有了上千家时装、配饰及香水的专卖店，并引起了“洛俪塔”风潮。

20 世纪 30 年代是洛俪塔这个顶级品牌的设计师、欧洲“时尚女皇”最钟爱的年代之一。因为这是一个充满了创造、矛盾与和谐美的年代。洛俪塔的作品中同样也充满了这些元素。从巴洛克风格 vs 现代风格、梦幻 vs 现实、纯洁 vs 性感、自然 vs 精致等风格对比中演绎出梦幻而独特的女性美。

1997年，洛俪塔和韩国最大的化妆品集团——爱茉莉太平洋的欧洲分公司合作，在以巴黎为代表的欧洲市场上推出了她的第一款香水“洛俪塔初香水”。这款香水为她赢得了巨大的荣誉。在欧洲，洛俪塔被媒体授予“时尚女皇”的美名。

继洛俪塔初的成功，洛俪塔又将她敏锐的目光投向了男性的内心深处。“洛俪塔男士香水是对于男性的另一种角度的诠释，他让我想象着他们隐藏在强壮的外表下朴素而易受伤的另一面。”洛俪塔如是说。如果说洛俪塔初香水是森林里的仙女，洛俪塔男士香水就是那仙女居住，并让她依靠的参天大树。“她”与“他”都有着丰富的象征含意，互相对比，互相吸引，互相补充，是完美的一对。他们结合成一对神仙眷侣，他们的命运永远连在一起，走向永恒。

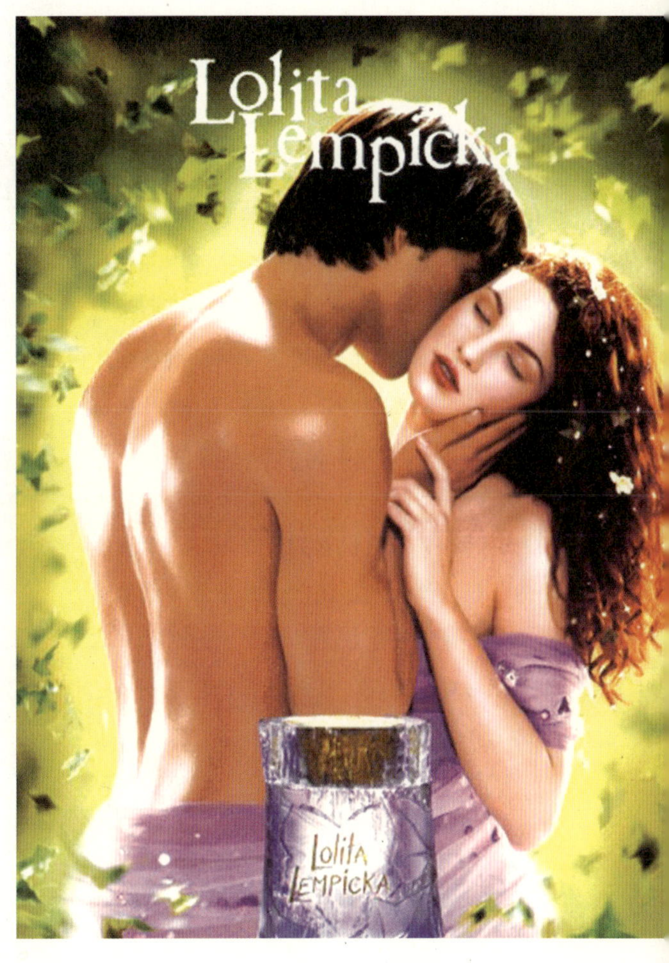

Lolita Lempicka

洛俪塔初就是这样一种香水，能聆听女性的心声，令她们的肌肤在美妙的期待中兴奋地颤动。无邪又充满诱惑，纯真又弥足珍贵，清丽而让人无比钟爱。

洛俪塔是在男人称雄的法国时尚界中凤毛麟角的女性设计大师。在她设计的第一款香水中，她为女性开启了内心世界，她要女人在性感和风情中，还要有想象力，有赤子之心，让心情快乐，所以她从神话中创造了苹果造型的瓶身，让金色的常春藤缠绕其中，而晶莹剔透的模样，也让女人对爱情可以充满想象。清新芬芳的甘草花香调，教导女人从嗅觉中得到对生命甜美的感动。

洛俪塔初香水要告诉21世纪的女人：用爱去生活、用想象力去生活、用活力去生活。

洛俪塔包装盒的色彩是独特的绿茴香色，带着特有的清新和甜美的气息，在众多色彩浓郁的香水包装中脱颖而出。包装盒的正面是一个白色具有巴洛克风格的镜子的立体图案，以及运用了从常春藤衍生的曲线装饰的洛俪塔的LOGO。打开洛俪塔香水的包装盒，会有打开魔术箱的感觉，镜子形状的内盖挡住了香水瓶，让人有一种探索童话世界的好奇与期待。盒子内部是淡紫色的，淡紫色是童话中清晨天空的颜色，而这正是仙女出现的时刻。这是洛俪塔所选择的神秘色彩，与绿茴香色的清新天真对比而又和谐。

打开魔盒，呈现在眼前的是给人魔法咒语般微妙感觉的水晶苹果，让人联想到当初引诱了亚当与夏娃的禁果，或者是引起了特洛伊之战的金苹果……似乎拥有了它，便拥有了美丽和爱情。整个香水瓶跟包装盒一样，充满了梦幻般的神秘、华美和精致。水晶的色彩是象征着仙女出现的清晨时分天空的神秘淡紫色，上面点缀着金色的常春藤叶片和洛俪塔精致的金色LOGO。水晶苹果上部是刻着甘草树干纹路的磨砂金环，强调了高贵典雅的品质，而刻在金环上的被丘比特之箭穿过的心，是初恋时最甜蜜和纯真的爱的盟誓。小巧的金色苹果蒂，在高科技的帮助下，竟然隐藏着香水的喷口，洛俪塔就是这样不露声色地给人一个又一个的惊喜。

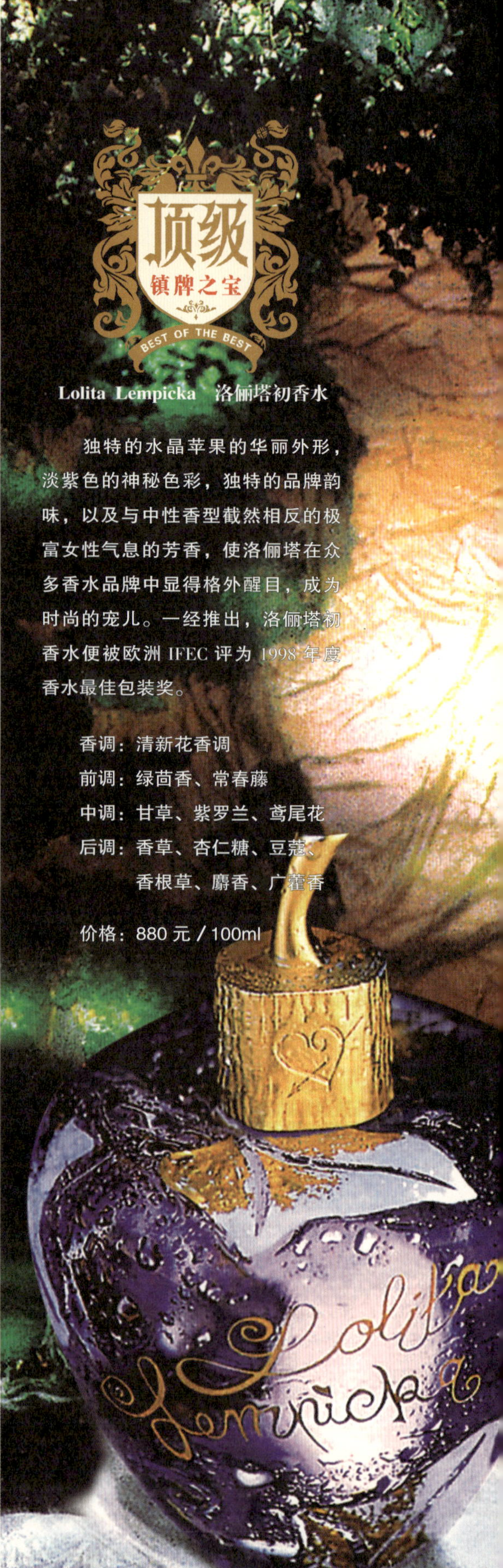

Lolita Lempicka 洛俪塔初香水

独特的水晶苹果的华丽外形，淡紫色的神秘色彩，独特的品牌韵味，以及与中性香型截然相反的极富女性气息的芳香，使洛俪塔在众多香水品牌中显得格外醒目，成为时尚的宠儿。一经推出，洛俪塔初香水便被欧洲IFEC评为1998年度香水最佳包装奖。

香调：清新花香调

前调：绿茴香、常春藤

中调：甘草、紫罗兰、鸢尾花

后调：香草、杏仁糖、豆蔻、香根草、麝香、广藿香

价格：880元／100ml

神秘、浪漫、华丽、精致、细腻、激情，都通过这个小巧的水晶苹果完美地表现出来，也难怪它一经推出便艳惊四座。

在包装、香水瓶、店铺装饰和广告中，处处可以看出洛俪塔对于常春藤的偏爱，可见欧洲古老的建筑上常见的常春藤才是洛俪塔的最爱和灵魂。而洛俪塔的初系列香水的前调也毫不犹豫选择了常春藤叶的特别香味。那是因为常春藤象征着永恒的爱情，也是绝对的爱情。四季常青的常春藤，用尽心力，牢牢地攀附在墙壁上，就如同缠绵永恒的爱情；而一旦离开了它所依附的墙壁，常春藤就会立即枯萎。这种执著和坚决，像是发出了爱情的盟誓："我坚持我的爱情理想，我不会妥协，没有爱情，宁愿死亡！"

Lolita Lempicka

洛俪塔诉说着永恒的爱情童话，为人们呈现香水界的奇迹，将一切新奇的可能变成现实。

洛丽塔香水是给人们的永恒的童话，充满了从对于爱情的憧憬中提取的各种象征元素。她是一颗欲望之果，是设计师从她的梦想王国里特别为人们所摘取的。她为人们开启了一扇通往魔幻世界的门，更为日常生活增添了神秘和迷人色彩。

洛俪塔午夜阳光香水 >>>

作为洛俪塔夜系列香水的第四版，"午夜阳光"的主题寓意着时光女神在点亮寒冷冬夜后，在美丽晨曦出现前的绮丽瞬间。那个瞬间将要来临时所带来的希望仿佛可以驱散人们心底所有的冰冷和迷茫。在那一瞬间黑暗即将逝去，新的一天就要开始。

仿若一句永恒的承诺和誓言，洛俪塔夜香水轻拈热忱而妩媚的香调，典藏一季霜冬，并以限量版的形式重现于世。没药丰富了“夜”的香氛，炽热的鸢尾花浸膏流淌出浓浓暖意，饱受感染的茉莉花香紧随其后。

瓶身包裹着深郁的紫罗兰色，点缀银霜，又将拂晓天空特有的金粉色赋予常春藤叶装饰。

洛俪塔午夜阳光承袭了洛俪塔特有的复合香调，又增添茉莉花、安息香胶等成分，“夜”越发深邃，漫溢出神秘气息。这些洛俪塔香水家族的传统香调为其酝酿出无限的情欲氛围，更具东方神秘感。

洛俪塔同名香水 >>>

一款野性而傲慢的香水，放浪形骸，自由自在，让人憧憬着能够像鱼儿那样，在天地间最美丽的海洋里畅游。整个大海都是自己的家，整个天地也完全属于自己。海洋蓝色的香水瓶，覆着海藻的海底贝类的瓶身造型，配上金色的项链，神秘而危险，就像希腊神话中的珠宝盒和美人鱼，绝对是一款让人爱不释手的香水。

香调：清新东方调

前调：佛手柑、甜橙

中调：橙花、香草、广藿香、肉桂

后调：欢愉木、阳光气息、麝香等

Lolita
Lem
Lolita
Lempicka

洛俪塔魔幻男香 >>>

由女性观点揭示男性隐藏于刚强外表下温柔的情感，不论瓶身或是气味都洋溢着极端浪漫瑰丽的色彩。

洛俪塔表示，只有女性能够直率地看待男性的浪漫情怀，这样的观点在精致的瓶身包装上表达无遗。以年轮为主题的瓶盖代表爱侣天长地久的誓约；隐藏于瓶身的爱心暗喻男性羞于表达的情感；淡紫色的瓶身流露出梦幻般的奇异感受，如同平面广告里男女之间多情的恋曲。

香调：木质花香调

前调：柠檬、橘子、佛手柑

中调：百合、玫瑰、鸢尾草、茉莉

后调：琥珀、雪松、麝香、檀香、橡木苔

洛俪塔男士淡香水 >>>

从女性的视角为男性的浪漫开启了一扇大门。时尚女皇曾经说过："洛俪塔男士淡香水是对于男性的另一种角度的诠释，它让我想象着他们隐藏在强壮的外表下朴素而易受伤的另一面。"

这是一种温柔而让人感动的诠释，充满了对孤独感的渴望，也有着对归属感的追求，同时表现出男性的强壮和朴素。在女性看来，男性的浪漫在于他们性格的丰富，这种丰富是从热情和自我抑制的平衡中产生的。

在梦想和现实之间，突破了时间的限制，洛俪塔男士淡香水为男性带来了全新的清新微风，那就是坚强与感性的和谐。

HERMÈS

爱马仕

制造低调奢华的魔法师

爱马仕无疑是奢侈品牌中将香水演绎得最璀璨夺目、绝色倾城的，无处不向世人展示着它低调而不容忽略的奢华，艳丽中自有一派天真，满溢着不容仰视的贵族味道。

要说爱马仕是全球女人最想拥有的一个品牌，可是一点不夸张。每一条爱马仕丝巾要历时一年半制成，每个凯莉包需要数十位工艺师花三天的时间手工打造。即便如此，全球预约的订单还是接不完，因为它们都能变成传家宝。爱马仕在飞速发展的世界，选择留下永恒而非流行，它 170 年的历史，就像人类追求精致美学的缩影，不因商业变调。

爱马仕的美，在于其品牌精神发自内心与人格。在巴黎的圣誉大道总店，它令人赞叹的橱窗，是全球橱窗设计师膜拜的殿堂，里面甚至设有爱马仕的艺廊。优雅的美学风范，缘自历代主事者都是杰出的艺术爱好者。

创始人
蒂埃利·爱马仕
创始时间
1837 年
创始地
法国·巴黎

爱马仕第四代继承人罗伯特·爱马仕是杰出马具工艺师、爱马仕现任行政主席杜迈·爱马仕的父亲，更是天才绘图师，他过世前留给爱马仕最珍贵的遗产，就是数十幅丝巾的草图。爱马仕的商品设计者，都是美学与精致生活的艺术家。杜迈曾说：“我不要盲目买名牌的消费者，我希望他们亲自触摸、嗅闻、鉴赏，因为唯有经过拥有者个人气质的浸淫，它才会有生命。”

对憧憬爱马仕的时尚迷而言，香水是进入爱马仕顶级花园的入门商品。其他的香水公司大约每两年推出一款新产品，爱马仕则采取十年一新的态度。首先是 1951 年推出的爱马仕之水，清幽的橘子花香到现在仍保持时尚感觉。然后是在 1961 年推出的驿马车香水，那充满韵味的林木花香，与今日典雅感性的潮流不谋而合。1974 年的亚马逊人，是一款大胆创新的水果味绿色香水，吸引了大群追随者。1984 年推出了橙红色的爱马仕香水，更是充满了东方情调。

1995 年是香水相遇法布街 24 号的世界。香水专家贝尔纳特·布尔乔亚和莫里斯·罗瑟尔花了五年的时间，尝试了千种配方，才调制出现在的相遇法布街 24 号。爱马仕公司主席兼家族第五代传人杜迈强调，他们的目标不是求创新，而是希望产品能历久弥新。他解释："就像大象的出生需要很长的时间一样，在我们的心目中，相遇法布街 24 号会恒久流传。"虽然今日的香水界异常热闹，每隔不久便有多种新品面世，推广手法也层出不穷，可是面对压力，相遇法布街 24 号仍没有什么哗众取宠的包装，也没有模仿女骑士的形象的饰记。而且，虽然近年来透明的香水非常盛行，但相遇法布街 24 号也无意加入流行大军，仍然坚持自身风格。以上制造理念，都源自杜迈与众不同的思维。

我把一些香味材料和词汇结合起来，表达着一种感觉。从我个人来讲，我不认为这是木香型，但是是一种干燥的感觉；而一提到麝香，我会想到甜这个字眼儿；那种芳香植物，我会想到浓的含义。

——爱马仕品牌设计师

每瓶相遇法布街 24 号要用 10 多个小时去雕刻瓶子、注入香水、手工封盖，每个凯莉包需要 18 个小时去剪裁造型、缝合和封蜡，两者都有着强烈的相同之处，也同时不带设计者名字。对此杜迈解释说："每次展出结束后都不会有人到台前鞠躬谢幕，因为爱马仕才是主角。"

爱马仕是如今少数拥有调香师的公司，所以香水的品质自然与众不同，更令人惊艳的是爱马仕的香水瓶也设计得精致无比，甚至美到可以让人不在乎瓶子里面香水味道的程度。

与其说爱马仕是在销售最精致、最豪华、最奢侈的各式产品，还不如说它是在创造、推广和经销“梦想”，一个关于美丽世界的梦想。这让它在复杂多变的奢侈品消费世界中屹立不倒，显示出它出类拔萃的品质。爱马仕无时无刻不在“演变性的，而不是革命性的发展”中保持传统，打破传统，平衡新与旧、稳重与时尚。

HERMÈS
PARIS

让所有的产品至精至美、无可挑剔，是爱马仕的一贯宗旨。目前爱马仕产品主要包括皮具、箱包、丝巾、男女服装、香水、手表等，大多数产品都是手工精心制作的，无怪乎有人称爱马仕的产品为思想深邃、品位高尚、内涵丰富、工艺精湛的艺术品。这些爱马仕精品，通过它散布于世界30多个国家和地区的200多家专卖店，融进快节奏的现代生活中，让世人重返传统的优雅怀抱。

爱马仕在1979年推出了橘绿之泉中性香水，这款以柑橘为名的香水，融入了最受男性及女性喜爱的清新柑橘香调，历经了二十几个年头的洗礼，在香水市场上依旧深受追捧。

历经170年的风雨沧桑，爱马仕家族经过几代人的共同努力使爱马仕品牌声名远扬。早在20世纪来临之时，爱马仕就已成为法国式奢华消费品的典型代表。20世纪20年代，创立者蒂埃利·爱马仕之孙埃米尔·爱马仕曾这样评价爱马仕品牌：“皮革制品造就运动和优雅之极的传统。”

爱马仕最初只是巴黎城中的一家专门为马车制作各种配套的精致装饰的马具店，蒂埃利·爱马仕1837年在巴黎创立了以自己姓氏命名的马具品牌。他的马具工作坊为马车制作各种精致的配件，在当时巴黎城里最漂亮的四轮马车上，都可以看到爱马仕马具的踪影。

1879年，蒂埃利的儿子查理·爱马仕将家族企业扩大，他不但把爱马仕总店搬往巴黎著名的法布大街24号，与当地贵族靠得更近，还让爱马仕走出巴黎，走向欧洲各国。爱马仕制造的高级马具当时深受欧洲贵族的喜爱，爱马仕品牌也成为了法国式奢华消费的典型代表。进入20世纪，汽车在欧美上流社会逐渐普及，高级马具的市场需求逐渐萎缩。爱马仕及时转产，开始朝生产多个品种方向发展。不过，爱马仕仍以缝制马具的精湛技术生产各类皮制品，从而保持着皮具精致的手工与质感。在爱马仕第三代掌门人埃米尔·爱马仕的努力下，爱马仕走进欧洲各国的皇宫，成为御用珍品。

HERMÈS
PARIS

爱马仕的第四代继承人让·盖朗和罗伯特·爱马仕，在其皮革制品的基础之上，又开发了香水、头巾等新品种，到20世纪60年代，不断发展壮大的爱马仕公司又有了各类时装及香水等产品。

在爱马仕所有产品中，最著名、最畅销的当属精美绝伦的丝巾。自1937年为纪念100周年店庆推出第一款丝巾以来，爱马仕丝巾一直是许多上流社会男士馈赠女士礼物的首选。爱马仕丝巾质地华美，有细细的直纹。英国邮票上伊丽莎白女王所系的丝巾，就是爱马仕的杰作。

20世纪50年代好莱坞全盛时期诞生的电影明星中，不乏爱马仕爱好者，其中就有格雷斯·凯莉，她后来成了摩纳哥王妃，她非常喜欢爱马仕的手提包。经摩纳哥王室的许可，爱马仕正式将其制作的手提包改名为“凯莉包”。源于马鞍包的爱马仕的手提包，当时已有28厘米、32厘米和35厘米三种型号；1968年，“微型凯莉”面世；1980年，“凯莉包”系列中，又增加了40厘米的新款；至今，凯莉包都是销路最好的手袋。

要订制一个有爱马仕镇店之宝美名的“凯莉包”，需要等上几年时间。值得一提的是，爱马仕的手提包制作也继承了其制作传统，从开始至最后由专人缝制，并打上编号。这既是为了方便顾客修理，更体现出工匠对自己手艺的自豪感。

今天的爱马仕已经成为世界上最重要和著名的品牌之一。它精致的产品和上乘的质量以及尊贵周到的服务、多年来的品牌文化，赢得了人们的无比爱戴。

爱马仕产品的标志主要有三个。一个是马车图案，它是爱马仕以经营马具起家的悠久历史与精致品质的传统象征，通常只会在产品内部不显眼的地方看到。第二个是爱马仕的大写签名“HERMĒS”，如果不是与马车图案一起出现，它通常会被安排在按扣或表面上，下面有一行“PARIS”小字。第三个是“H”字形，这在最近几年的一些产品上经常出现，如“H-our”手表系列的表面造型，以及男女拖鞋上。

爱马仕坚持不转让其商标生产许可证，每一件出厂的产品，都有着严格的质量保证，其产品将一流的工艺制作、耐久实用的性能与简洁优雅相结合，不但是身份地位的象征，而且成为永不落伍的时尚之物。如今爱马仕集团总部仍坐落在巴黎著名的法布大街，而它的精品则散布于世界 30 多个国家和地区的数百家专卖店。这个以马具制造起家的集团王国，在历经五代传承和百余年辉煌之后，至今仍旧保持着经典和高品质，并凭借其一贯秉持的传统精神，在奢侈品消费王国里屹立不倒。

HERMÈS 爱马仕驿马车香水

这款名贵的香水，有“液体钻石”之称。在当今世界上排名前十位的最昂贵的香水中，位列第六位。

香调：清新花香调

前调：白松香、橙花、玫瑰

中调：橙花油、鸢尾草、五月玫瑰

后调：西洋杉、橡树苔

价格：850 元 / 100ml

驿马车香水是爱马仕经典之作，有着爱马仕经典的传统，无人可及，是爱马仕香水迷不可错过的一款香水。

HERMÈS
PARIS

在爱马仕家族收藏的名画中，最重要的是一幅阿尔弗雷德的水粉画。画中，一位小马夫在一辆维多利亚式的双座马车前等待他的主人，爱马仕马车商标的灵感因此而来。这种轻松而优雅的风格把爱马仕的名字带到了世界各地。这幅画也印在了爱马仕最著名的香水驿马车的包装上。

人们深深地喜爱驿马车香水特有的香气，它的味道温和细致，娓娓诉说着少女的情怀。瓶身优雅简洁，专为年轻、自主、思想前卫的都会女子所设计。瓶身简单流畅的线条，优雅中不失大方。这款绝世名香味道清新自然，给人春回大地的感觉。轻淡自然的香味，让男性无法抗拒由驿马车香水塑造的女人的自信迷人的风采。它非常适合那些行动力强、处事态度独立的女子使用。

爱马仕的香水不多，但一贯保持着精致华丽的传统。爱马仕香水的香气并非浓得化不开，但却总是使人一闻难忘。瓶身高贵华丽，雕花精致到无以复加的地步。

爱马仕橘采星光女香 >>>

法国时尚品牌爱马仕在近几年一直都有令人惊喜的作品，继 2003 年推出了地中海花园后，在 2004 年又推出了限量香水橘采星光。爱马仕以这款空气飘过发梢的清新气调，为这个世界创造出惊奇不断、充满喜乐的美好惊叹号！

橘采星光最原始的灵感源自“如何在阳光下创造灿烂的满天星光”这一构想。在瓶身设计上，圆形瓶一直以来就是一种经典、柔软、简单、有女人味、恒久流行的形状，但是这一次为了要营造一种用不一样的角度来观看宇宙星球的氛围，设计师把橘采星光的瓶身变成充满泡泡的水晶球，有趣又充满惊喜。它可以以不同角度站立，就像是在玩视觉游戏，有时向左摆，有时又向右摇，像极了一个新生的星球，让人们更接近银河！

橘采星光女香的推出也格外成功，以简洁为基本前提而衬托出细节的精神，营造出疼惜、爱恋自己的格调，引领着柔美兼具爱恋的清新美学。橘采星光诉求着童话与梦幻的意象，虽然是女香但却不带有一点点的花香调，主调采用极度优雅的海洋龙涎香，同时再搭配在男性香调中被广泛使用的木质橡木调，再加入一点点和瓶身相呼应的柑橘香，沉稳中带着清新的气息，浪漫而女性化的风格，成功地传达出女性唯美的精神。

爱马仕红香水 >>>

1984年，爱马仕的调香师创造了爱马仕的红典香水，事隔多年，爱马仕决定要赋予它新的形象，当年三十几岁的调香师如今已步入壮年，她把意兴风发的浓郁东方调，淡化为澄净飘逸的花香琥珀，“爱马仕红”是这款香水的新名字，它纪念着皮革世家的骄傲与传奇，也歌颂了女性优雅成熟的魅力。

爱马仕是第一个将皮革染色的品牌，“爱马仕红”更是早已登记注册的一个色号，它那独特的色感很难诉诸言辞，少了点葡萄酒的紫、比红宝石深沉、比石榴红淡雅、去掉勃艮地酒红的棕，大概就可以仿真出来，而即使使用的是同样的爱马仕红，也会随着皮革的不同，展现出深浅不一的色泽。爱马仕红是一款充满热情的香水，同时也勾画出女人感性、妩媚及深度的一面。爱马仕红红宝石般瑰丽的玻璃瓶身呈现如女性般的感官特质，瓶身顶部缠绕着雾金瓶盖，细腻的东方调性，蕴藏迷人的花香琥珀风情，是女性化的一种魅力延伸，中国红与金的搭档及协调，呈现出中国漆器般诱人的光泽及深度。

爱马仕乐可宝男香 >>>

欧洲大多数成熟的男性都会喜欢象征成熟品位的爱马仕乐可宝男香，不过如果想将它与自身的衣着品位配搭得完美无缺，那可不是件容易的事。乐可宝男香以木香调为主，木香调赋予人独树一帜的怡人韵味，蕴涵恒久清幽的感觉。

说起爱马仕乐可宝这个名字，还有一段故事：19世纪末20世纪初，一位在爱马仕马具工厂工作的英国领班给一种精梳羊毛制作的橘黄色配红蓝条纹的鞍褥起了个名字，叫做“有斑纹的垫子”，之后这个产品很快被命名为“乐可宝”在市场畅销，并成为爱马仕的经典产品。今天，乐可宝又开发出男用香水，乐可宝的毯子被用在该香水的瓶身外包装上。乐可宝就像是一个神秘的宝物，打开盒子就是用乐可宝毯子包裹和用皮革带子打结的包装，瓶塞的设计很像是马球头盔，非常别致。

爱马仕尼罗河花园香水 >>>

继 2003 年的"地中海"主题后，爱马仕专属调香师艾雷纳来到世界上最长的河流——埃及尼罗河的中游，位于阿斯旺的一处原始之境撷取灵感，并以生生不息为主题，发布了 2005 限量香水"尼罗河花园"。

"一趟感官之旅，犹如香调飘然而过……"，就是此次尼罗河花园所要传递的故事。调香师艾雷纳这次以淡雅的莲花，试图创造一个想象中的花园。在意念上，这支香水表达的是串联过去、现在与未来的永恒时间观。莲花是埃及的圣花，是一种重生象征，用来献给太阳神与法老。正巧的是，赐予埃及生命泉源的尼罗河，从上空俯瞰，也正似一株莲花。

爱马仕尼罗河花园，融合了果香、青草香和木香，有一种混合嫩芽和果肉的新鲜，暗藏着胡萝卜的清脆和西红柿茎的青涩，同时具有浓烈的青芒果滋味，再加入冲鼻又带点苦涩的葡萄柚的芬芳，同时不时溢出橙心草清新的果香，春意十足；随后浮出的是水生莲花，其近似呢喃的低调花香，是介于风信子和牡丹花的香调，令香氛多了些许娇奢感，而无花果树的气息，又为尼罗河花园加入中性的气息，是一支男女都适用的香水。

GUERLAIN

娇兰
永恒的香水世家

在法国，娇兰的名字代表着香水。娇兰是奢华的。不管是历史沉积下的奢华，还是自身定位的奢华，它给人的感觉是如此绚丽，让人沉迷其中难以自拔。香水世界中的娇兰幻化成一缕缕香气，慢慢地弥散开来，围绕着每个使用过它的人，再把自己的故事编织进去，一轮轮地传下去。

GUERLAIN

穿梭于时空隧道，法兰西200年的辉煌如同一场奢华的贵族派对，一一展现在眼前。法国娇兰，华贵、惊艳，傲然地盛开在每一个繁华时代，仿佛过了多年之后，依然能闻到显赫的贵族们留下的淡淡娇兰余香。它的优雅气质不仅征服了高贵的希茜公主，即使是驾驭整个欧洲的拿破仑三世皇后，也为它的香艳所折服。

娇兰只是香水制造商吗？不，娇兰视香水为艺术。自创办以来，娇兰推出的香水品种超过300多种。这个香水王国最骄艳的骄子，100多年来，以其那特有的贵族气质与优雅浪漫的品质保障，奠定了它在法国及世界上的品牌地位。“制造优良产品，不遗余力地改良品质。余下的，便是审慎地分析及应用简单的意念。”这段格言成为了娇兰品牌的金科玉律。此后，一代又一代的娇兰传人都信守这一理念，并把

创始人
皮埃尔·娇兰
创始时间
1828年
创始地
法国·巴黎

它付诸实践。

娇兰专业的调香师具有想象力、创造力，更具有娇兰家族特有的洞察力。娇兰制作香水，就仿佛是作曲家谱写一首交响乐，指挥所有的香料，按照香水的调式，抒写最和谐动听的乐章。娇兰从创立伊始就采用的神奇香料配方——顿加豆、茉莉、玫瑰和鸢尾花，成为娇兰香水的芳香标记。娇兰的调香艺术，在奢华和梦幻中彰显睿智和卓越。完美的程序、精巧的成品、卓越的工艺、有针对性的销售以及高质量的服务，这一切构成了娇兰的风格。

娇兰满堂红男香充满着皮革味，让男人显得性感、大胆、温暖。喜欢娇兰满堂红的男人往往是高雅的，他们清楚地知道自己具有的诱惑魅力。完美的外表下依稀看得见他们眼里闪耀的激情。他们勇敢向前，处处散发着成熟魅力。

GUERLAIN

娇兰已经成为世界上最富有传奇色彩的香水家族，不提到娇兰，香水的历史是无法书写的。娇兰几乎就是经典香水艺术的代名词。

娇兰，享誉世界的品牌，180 年间，为世人带来了 300 多种不同风格的香水。娇兰的创始人皮埃尔·娇兰是国际香水业的拓荒者。他曾一度毅然放弃了家里的锡金属器皿手工制造作坊，投身到对香料的学习和研究中去，并积极开创自己的香水王国。1828 年，年轻的皮埃尔在巴黎里沃利大街上成立了他第一个香水店，名为“Parfumeur Vinaigrier”。那还是一个鲜有人懂得开拓香水市场，并把它列为可发展的工业的时代，娇兰却已全情投入其中。不过，当他调配出古龙水时，他仍然对香水抱有强烈的偏见，认为它是生活放纵的男人们的奢侈品。但是这位年轻的香水专家在街角的小工厂内，还是调配出好多崭新的香水品种。

很快，这个毗邻凯旋门的小店便成为了巴黎名流、风雅人士聚集之地。与当时风靡世界的英国香水相

比，更胜一筹的娇兰香水逐渐占领了市场，遮掩了英国香水的光芒。随后，娇兰又开始其个性化之路：为个人晚会配制个性香水。每一种香气都特别为人们将要前往的特殊场合配制。娇兰曾为巴尔扎克等著名人士量身配制香水。同时，娇兰也为女士配制了腮红等高级化妆品。欧也妮女皇对他制造的香水爱不释手，后来还特聘娇兰为王室的香水专家，这个头衔使他名声大噪。随着维多利亚女皇、西班牙皇后和令人难忘的奥地利的希茜公主成为他的忠实用户，娇兰逐渐成为所有欧洲国家宫廷特别雇用的香水世家。

初期的娇兰形象，绝对是尊贵的见证，顾客也非普通大众，所以产品包装在富有当代特色之余，也非常高雅气派。而为王室人员创制的产品，则更是包装得金碧辉煌。在1889年的时候，皮埃尔之子阿尼·娇兰创制了首款运用合成法生产的杰克香水，香味更浓更持久，更为现代香水史掀开崭新的一页。此后，娇兰家族的每一代人都给娇兰香水系列带来新的成员。

为人所熟悉的的香榭丽舍大道68号娇兰店，是1914年法国丽兹大酒店的设计师为娇兰设计并建造的。开业盛典上，娇兰赠送了“香榭丽舍”香水及其设计独特的香水瓶。

1939年，娇兰创建了全世界第一家美容院。世界一流的设计师们在这里强强联手，为娇兰打造了世界一流的建筑与美容环境。在这里，建筑与香水水乳交融，相映成趣。

SAMSARA
GUERLAIN
GUERLAIN

娇兰家族生意不断发展，至今已有五代之久。期间，娇兰还陆续推出了很多护肤品。20世纪80年代是娇兰最具突破性的时期：护肤系列伊恩玛和进化阳光色彩粉底陶瓦等陆续面世。金色优雅的化妆品包装和金（蓝）色的伊恩玛护肤品系列，不知不觉间又成为了娇兰的代号。但由始至终最能代表娇兰品牌的，却还是香水。

GUERLAIN

娇兰出品过无数香水，瓶子的设计和香水的气息也随不同阶段千变万化。娇兰也像其他品牌般选用著名女星做广告宣传，如伊里丝香水的苏菲·玛索，但娇兰从来没有选用某一位女性来代言自己的全线产品。因为，每一种产品都有它自己的特点，而由始至终都未曾转变的，却是娇兰的承诺、品牌不妥协的精神，以及家庭成员的全情投入——每一款娇兰香水均是由一位娇兰家族成员所创制。

至今，娇兰依然保留了娇兰产品的独家经营权。这个重大决定的后面，还隐藏着一个娇兰家族一直流传的故事：第一家店建成初期，娇兰香水曾被一家大商场拒之门外，这激起了年轻的皮埃尔的雄心。从此，他决定不在任何一家巴黎的商场里出售娇兰的产品，娇兰家族的后代们尊重并传承了这一决定。在巴黎市区，娇兰已有了11家自己的香水店，娇兰旗下的许多古典香水也只有在娇兰专卖店和个别香水店里才能找到。也正是基于这种传统的销售理念，才使得娇兰从建店之初到现在一直传承着优雅与浪漫的贵族气质。

娇兰不仅代表瞬间的辉煌，更象征着永恒的美誉。尤其是娇兰“一千零一夜”，它不仅是一款香水，同时也代表着男人对女人的深情。

GUERLAIN

20世纪30年代，在一片传统的保守风气下，Shalimar诞生在香水世家娇兰。Shalimar是娇兰最著名的香水，中译名为一千零一夜。这也是香水历史上第一款东方香水。

Shalimar是许多美丽花园的名字，它象征一则浪漫的爱情故事：传说300多年前印度大帝沙贾罕接替了父亲的王位，成为印度的第三个国王。他一生只爱一位女子，他美丽的妻子泰姬。这位在自己的王国里呼风唤雨的帝王，依然如世间任何一位平凡男子般，竭尽所能地希望博得美人欢心。为此，他曾宣称，他对宠妃泰姬的爱是至死不渝的。荣誉、帝国和财富，如果与她相比，都轻如浮尘。

泰姬去世后，沙贾罕无法承受，头发全白。为了纪念妻子，他在印度北部城市阿格拉建立了泰姬陵。但这只是一座空的陵墓罢了，他的泰姬不会复活。而泰姬在世时，为了她，他为她建造了一系列的花园，那里种植了世界各地香气馥郁的花朵，跳跃着快乐的喷泉，引来了歌唱的小鸟，点缀着如繁星一样的明灯。这些花园叫做Shalimar。在这里，他与泰姬携手漫步，喃喃低语，倾诉爱意，在这个他深深迷恋的女人眼中，他发现了另一个更美丽的世界。

shalimar是梵文，原意为爱的神殿。香水Shalimar在制造过程中，曾命名为泰姬陵，但最终定为一千零一夜，因为泰姬陵是故事的结束，而一千零一夜是生机盎然的永不停息的爱。那一千零一夜香水瓶的扇形蓝宝石瓶盖，好像花园中灵动的喷泉，仿佛讲述着东方盛宴的奢华和排场。

帝王与他的宠妃以及他们的王国已随着岁月消逝，但是浪漫的爱情故事却成为人间传颂的美丽传说。香水大师雅克·娇兰从这个美丽传说中找到了灵感，创造出了一千零一夜香水。于是，这瓶诞生在爱情之中的香水，有着十分神秘的东方气息的香水，从此世代飘香。

GUERLAIN 娇兰一千零一夜香水

极具东方色彩创意的“Shalimar”(一千零一夜)被评为“疯狂时代的代表作”。它所散发的香气十分具有动感，最后还进军到美国市场。娇兰的光芒再次显露，知名度由此更被推上一层楼。

香调：东方调

前调：佛手柑

中调：玫瑰、茉莉

后调：香草、橡树苔藓、顿加豆、鸢尾花

价格：510 元 / 30ml

SHALIMAR

香水的个性与奢侈将娇兰与欧洲王室的华彩之韵系在了一起，古龙香水让娇兰先生声名大噪，成为所有欧洲宫廷的御用香水专家。娇兰的杰作经过时间的考验，余香仍动人心扉。

GUERLAIN

娇兰香榭丽舍香水 >>>

1996 年，迄今为止由让·保罗·娇兰出品的系列香水中最卓越的一款——娇兰香榭丽舍香水问世，主要香味由含羞草、含羞草叶和醉鱼草构成。

“香榭丽舍”的瓶子由罗伯特·格拉奈设计，他从 1959 年开始设计了几乎娇兰所有的香水瓶。其中娇兰 1997 年推出的“天琴座”香水的新版（第一次是在 1936 年推出）用的是巴卡莱特制造的限量香水瓶。1998 年又有限量的香水出售，那就是为了纪念娇兰的创始人诞辰 200 周年的“娇兰沉香”香水。

娇兰圣莎拉女香 >>>

娇兰圣莎拉女香是娇兰公司在 1989 年出品的。这是一款在 20 世纪 80 年代女超人的观念之后，为顺应 20 世纪 90 年代的精神魅力研制而成的女香。在梵语中，圣莎拉的意思是生命的无限轮回。这是一个想象的世界，神圣而又神秘，是东西方的交汇，是和谐的象征。

圣莎拉女香据说花了让·保罗·娇兰 11 年的心血，香水全部采用天然香精配制而成。其特别之处是以檀香、茉莉花为主要原料，将檀香的芬芳混合于茉莉花的清香之中，使使用者得以不断在宁静祥和中找寻永恒的方向，在喧闹的世界中找寻个人哲学。

娇兰午夜飞行女香 >>>

于 1993 年调制成功的午夜飞行香水至今仍是娇兰公司旗下最畅销的香水之一。作为一款女性香水，午夜飞行香水的灵感来自于法国作家圣埃克苏佩里的同名小说——《午夜飞行》。

《午夜飞行》这本小说是圣埃克苏佩里写的与《小王子》齐名的另一优秀作品，小说讲述了作家圣埃克苏佩里的生平，充满了不可思议的进取与冒险的传奇色彩。这激起了娇兰调香师的创作激情，于是，就有了午夜飞行女香的诞生。这款香水属于东方甜香型，清新、优雅、冒险而刺激，恒久弥新，同样受到了许多女子的喜爱。

娇兰姬琪香水 >>>

1889 年皮埃尔的儿子爱默推出了著名的娇兰姬琪香水，这款香水和以前的香水都不同，非常时髦、非常完美，被看成是第一款现代香水，而且是最伟大的经典之作。姬琪香水的出现代表着新一代香水的诞生，它的最独特之处在于生产手法，它是用花朵的精华提炼而成的，不经任何改造，所以它的香味是最纯正的，而且它还是利用合成法制造的第一款香水。

娇兰姬琪香水被界定为半东方调的馥奇型香水，以现在的眼光看来它并不复杂，但是它使调性的分层得以实现，第一次运用了综合方法来架构香料的排列。

“姬琪”是爱默前女友的名字，也是雅克·娇兰的昵称。香水瓶由娇兰家族的人担任设计，巴卡莱特制造，模仿了古典的化学试瓶的样子，瓶塞很像是香槟酒瓶塞，象征着香水所代表的快乐和幸福。

娇兰熠动香水 >>>

如果你年轻、桀骜、张扬，那娇兰熠动香水一定会成为你的最爱，因为它是双眸深处的火花，来自自由飞扬的灵魂深处，不畏惧任何事，不顾忌任何人，是凭着自信笑看世人时嘴角的一抹轻笑。最重要的是，熠动香水从不循规蹈矩，从不故步自封，无须得到认同，是恣意，是纵情，是勇气。

熠动香水的瓶身设计让人联想到一阵旋风，是迎风欲飞，抑

或是芭蕾公主的单足旋转，又或者是一曲三步华尔兹。由雕塑家赛尔日·曼索打造的瓶身仿佛是用光和影雕刻而成。除了顶部的娇兰标徵和银灰色圆环上铭刻的香水名外，瓶身毫无其他冗物，于是光可以在水晶玻璃中穿梭舞蹈，自由跃动。

娇兰熠动香水的独特之处在于，嗅觉金字塔被完全“解构”，展示出完全开放的香水结构。从第一缕香气开始，你就被引入香水的核心。

最先被捕捉到的，是紫罗兰的香调。伴随着紫罗兰香调的是欢快的红色浆果，包括娇兰第一次使用在香水中的覆盆子。这些辅助的香调强化了娇兰熠动香水整体的欢快、现代的特点，并伴有淡淡的橙花和玫瑰香味，更加妩媚撩人。后调由零陵香豆、松香和一种香气极为诱人的鸢尾花组成，充满诱惑人心的吸引力。

ange
démon
GIVENCHY

GIVENCHY

GIVENCHY

纪梵希

优雅风格的代名词

纪梵希香水带给人们的绝不仅仅是沁人心脾的芬芳，更是一种超凡脱俗的高贵和发自内心的愉悦与舒畅。人们随时能够在它低调而内敛的气息中回想起那个优雅的年代，同时品味着法国式的浪漫。当人们回忆着奥黛丽·赫本那轻盈优雅的影像时，谁又能拒绝成为下一个优雅的纪梵希女人？

在优雅和戏剧化的 20 世纪 50 年代，提起纪梵希这个名字，人们最先想到的是优雅高档的时装，脑海里同时浮现的是奥黛丽·赫本清丽的身影。纪梵希公司的创始人休伯特·德·纪梵希捕捉到了赫本纯洁高雅的气质，使她焕发出优雅明亮的光芒。因此，纪梵希成为赫本一生的形象设计师，1958 年纪梵希公司推出第一瓶香水“禁忌”时，特别邀请赫本出任纪梵希的第一个品牌代言人。

GIVENCHY

纪梵希一生执著于优雅，简洁、时尚、女性化是他一贯坚持的风格，并且正是这一风格倾倒了无数女性。在他的设计生涯中不断出现灵光乍现的美丽设计，他从不在乎瞬息万变的趋势，而是坚守古典高雅，作品就像艺术品一样流畅、充满灵性。他的设计永远没有庸俗、没有狂野，而是保持一贯的宁静、超然。

纪梵希可以说是香水世家，累计推出了 10 多支经典香水。纪梵希说：“我爱美好的事物，更爱它们在我手中的感觉，当设计稿跃然成真，内心的激动难以言表。”这就是一代大师纪梵希对香水始终不变的热忱。创新性和女性化始终是纪梵希推出香水的原则，每一款香水无不传达着纪梵希长期具有的创作激情，它们注重突显女性婀娜的身姿，同时又融入复古情怀，焕发出女人的优雅风韵，让新世纪的女性可以表现出健康活力，展现自然、雅致又充满自信的魅力。

纪梵希一直保持着“优雅的风格”，在香水界“纪梵希”几乎成了“优雅”的代名词。它已成为法国传统的富丽精致风格的代表之一，以完美无瑕的工艺、卓越的品位和情趣盎然的女性风格而闻名于世。悠久的制作传统以及严格的素质标准，均充分体现在纪梵希的各款香水中，因此纪梵希香水绝不只是一个名字所能概括得了的，它更是一种精神、一种象征。

GIVENCHY

优美、简洁、典雅是纪梵希最大的特点，纪梵希经典的4G LOGO分别代表了品牌的4个精神——古典（Genteel）、优雅（Grace）、愉悦（Gaiety）和纪梵希风格（Givenchy），直接有力地告诉人们纪梵希品牌的坚持和信念。多年以来，人们对纪梵希钟爱不已，属于纪梵希的美丽篇章，依旧精彩而动人。

湛蓝的眼眸，银白的发丝，爽朗的笑容，198厘米的身高，纪梵希本人在任何场合都是一副气度儒雅、爽洁不俗的样子，因而被誉为“时装界的绅士”。纪梵希于1952年在巴黎创立纪梵希品牌，现任设计师是英国的著名设计师亚历山大·麦奎因。纪梵希品牌曾获金顶针奖、军团骑士荣誉等多项殊荣。纪梵希也经营香水、饰物等产品，凭借其独树一帜的优雅格调，在时尚界享有盛名。

纪梵希为法国贵族后裔，当年他独排众议没有从事家人希望他从事的律师职业，反而在24岁的时候投身巴黎时装界。纪梵希一生的时装事业与高贵优雅的奥黛丽·赫本密不可分，以至于提起纪梵希就不能不提到著名影星奥黛丽·赫本。

GIVENCHY

纪梵希香水，是极精致的淑女。精致到极点，也可以进入反常。其间的分寸，只有留待那位淑女去把握了。

纪梵希与奥黛丽·赫本相识于1953年，有一天，纪梵希获知赫本即将到访，他必须为赫本出演的电影《甜姐儿》设计服装。纪梵希原本以为会看到一位明艳照人的大明星，不料却来了个穿长裤、平底鞋、短发、没戴任何装饰、脂粉未施的年轻女孩。身材瘦平、脖子纤长的赫本，拥有纯洁无邪的气质，她在纪梵希的巧手装扮下，却焕发出逼人的优雅风韵。他们因此相识，他们的名字在报章杂志上再也分不开了。从此，他们从单纯的主顾关系，到因为相互欣赏彼此的才华而发展成为好朋友。在随后40年的时间里，纪梵希不但为赫本设计日常衣饰，同时也负责设计赫本在电影中所穿的服装。

对于纪梵希来说，与赫本的巧妙搭配，堪称他事业上的一个精彩篇章。1957年纪梵希推出的第一瓶香水“禁忌”更是特别为赫本设计的，赫本使用这支专属花香调香水数年后，建议大量生产，不过赫本当时的先生却反对，于是香水取名为“禁忌”。这支赫本风格的香水一直被纪梵希视为经典，它含有胡椒粉强烈的刺激味道，完美地捕捉到青春少女

的清新和浪漫。禁忌香水开创了纪梵希长期的不同一般的香水风格，同时也为纪梵希品牌的光荣历史做了充分见证。

儿童用香水可算是纪梵希公司为香水界所做的一大突破。这一产品概念源于儿童十分喜欢模仿成年人的行为，而在法国涂香水已成为大部分人的习惯，因此纪梵希特别细心地给小朋友或刚开始使用香水的少女创造了这个系列。

1987 年，纪梵希公司联合法国童装公司“派与巧克力”共同打造了一款婴儿香水，取名为“碎饼干与碎巧克力”，不过大部分的人还是昵称它为“小熊宝宝”。它是全世界第一瓶婴儿香水，清新自然而又可爱的特点使它受到许多小女生的喜爱。前调选用柑橘，中调搭配着温润爽朗的花香使其风靡一时，推出至今，已经发展为法国第一品牌的儿童香水。

因为“小熊宝宝”充满清洁感的香味，让人仿佛可以不要长大，永远赖在小时候的氛围，因此，它更受少女的欢迎。

为了庆祝“小熊宝宝”的成功，2003年春天纪梵希公司特别设计出“小熊宝宝”的女朋友“甜心宝宝”香水。这款特别为亚洲地区量身定做，并且限量发售的香水，来自“小熊宝宝”香水家族，紫色梦幻心的造型，甜蜜清新的香气，让人爱不释手。

纪梵希的香水包装也非常有艺术特色，如红粉佳人香水的瓶身设计就像一个淑女头上戴着一顶羽毛帽子，又如爱慕香水的瓶盖设计灵感是来自纪梵希晚装的袖子造型，等等。

为了符合现代女性独立、自主、崇尚自己风格的特性，2003 年 10 月纪梵希选出了一个全新的代言人——丽芙·泰勒。

丽芙·泰勒那独特的清新优雅气质，加上醉人的微笑，充满令人目眩神迷的魅力。她的外表极具现代感，却又是完全超越时空的，她充满活力与深具感染力的迷人笑靥，自然散发出令人无可抗拒的魅力，融合了法式的优雅气质与美式的活力奔放……这样的魅力足以代表纪梵希的特色，以及 21 世纪的纪梵希女性的特色。2003 年丽芙·泰勒代言纪梵希的魅力纪梵希玫瑰香水造成全球香水界的轰动。看来当年奥黛丽·赫本与纪梵希的传奇故事，注定会在今天得到延续。

GIVENCHY

女人和香水素来相依。唯有香水可把女人柔媚性感的天性发挥到极致，也只有纪梵希可把倾城之魅香水做得如此袅袅婷婷，融优雅与柔媚于一身，也只有纪梵希可把五种玫瑰的香精调和得如此宛若天成。

GIVENCHY

2003年秋天，纪梵希推出世纪代表作倾城之魅，这回纪梵希特别重金礼聘邀请国际知名巨星丽芙·泰勒担任全球性的产品代言人。向来以优雅气息闻名的纪梵希，在多年前

倾城之魅香水的前、中、后调融合了全世界最美的五种玫瑰香精，让这款香水能够更全面地展现女人的柔美气息。倾城之魅融入了来自全球各大产地、各种不同属性的玫瑰，让人仿佛置身在玫瑰花瓣的香氛SPA里。

五种不同香调调性的玫瑰花，从纯真浪漫到强烈大胆的多变调性，展现出女性的万千风情。茴香的加入具有调和的作用，能成功地释放五种玫瑰的风采，展现出女人的纯真、梦幻、优雅、强烈及性感的独特魅力。

法国蔷薇：温柔感性、充满浪漫情调的法国蔷薇，展现女性娇柔、妩媚的性感魅力。

梦幻玫瑰：年少时的纯真与梦想，在梦幻玫瑰的香调中展露无遗，轻柔得让人重拾赤子之心。

撒旦玫瑰：热情、强烈的女性欲望，在撒旦玫瑰中尽情呈现，反映出女性内心深处的渴望。

牡丹玫瑰：大胆、明亮而开朗的调性，展现现代女性自主、充满自信的明媚特质。

摩洛哥千叶玫瑰：优雅、聪明、慧黠的都会女性，透过摩洛哥玫瑰展现幽默聪慧的独立风采。

GIVENCHY
纪梵希倾城之魅女香

纪梵希曾经说过：“真正的美来自对传统的尊重，以及对古典主义的仰慕。”这句话准确地描绘出他是一个完美主义者，更成为他设计的精髓。纪梵希倾城之魅香水的精华成分为玫瑰。配方中史无前例地含有35%的玫瑰精华，是香水界中玫瑰精华含量最高的一款香水，也是全球首支调和了玫瑰与茴香的香水。

香调：优雅花香调
前调：浪漫的法国蔷薇、纯真的梦幻玫瑰
中调：强烈的撒旦玫瑰、大胆的牡丹玫瑰
后调：优雅的摩洛哥千叶玫瑰
价格：390元 / 30ml

纪梵希香水一直以“优雅的风格”而著称于世，百分之百的古典与优雅是纪梵希香水屹立不倒的重要原因，其香水设计理念来源于奉献给“千般宠爱于一身的女人”。

GIVENCHY

纪梵希香水以华贵典雅的风格享誉世界30多年，一直是香水界中的翘楚。它主要可分为女香、男香、儿童香水三类，以女香最为著名。被纪梵希香气所包裹的女性，既高贵又活泼，既含蓄又勇敢，既浪漫又激情。无论任何年龄的女性均可以在纪梵希的香水世界里寻找到属于自己的心爱之物。

纪梵希金色年华女香 >>>

金色年华香水又名透纱香水，取名自纪梵希本人喜欢的一种面料透纱，是纪梵希最著名的香水。它以女性丰盈柔润的永恒之美为设计主题，飘荡着轻柔的甘甜香和深邃的森林芳香。以柔软的洋装包裹纤细身形的女性华美造型的香水瓶也是不折不扣的艺术品，值得珍藏。肉桂及龙涎香等诱人的香调，让人时刻散发神秘浪漫的气息，适合浪漫、成熟、时尚的女性。波浪起伏的瓶盖由纪梵希的经典衬衫的衣袖演变而来，其经典的瓶身设计表现的是成熟女性才有的优雅身段。这款香水曾经当选巴黎奥斯曼老佛爷百货公司的“年度风云香水”。

纪梵希唯一女香 >>>

纪梵希在2003年春天在全球免税店推出新款女香“唯一”。在设计师的巧思之下，以专一

而独特的精神作为这款香水的灵感，清新自然的气息宛如从遍布盛开鲜花的草地上飘来的那阵清香，适合喜欢自然的女人。对于喜欢无负担的感觉的女人来说，这款香水绝对是最舒服的选择。它的瓶身以轻柔粉绿的色彩表现如雨后青草般清新奔放的生命活力，而优雅的粉红色则传达出浪漫唯美的花朵芬芳，两种活泼简洁的年轻色彩相互交叠，呈现出青春及自然清新的气息。

纪梵希魅力男香 >>>

纪梵希魅力男香完全针对男性独有的自然魅力、坚强个性和性感的气息设计。纪梵希魅力男香是高雅的典范，香调里添加了西柚、薄荷、芝麻籽和上等咖啡味，融入清悠的榛子木香和维吉尼亚雪松味。它泛着浓郁的气息宛如新兴的贵族，不拘泥于繁文缛节，却又能引领时尚，前、中、后调串连和谐，彰显了纪梵希魅力男香的不凡与高贵，完美演绎出神秘令人无法抗拒的魅力。

GUCCI
知性气质的完美展现
古驰

古驰香水的世界是一个温暖、感性的世界，同时也是圣洁与纯粹的世界。它用一款款微妙而让人惊奇的香水，向世人展示出这个世界的美，让人们在芬芳的环绕中，彰显自己的个性，演绎那份含蓄的诱惑，尽情散发出独有的迷人魅力。

创始人

古奇欧·古驰

创始时间

1922年

创始地

意大利·佛罗伦萨

谈到古驰，多数人的脑海中浮现出的，不是带“G”字的皮带和扣环，就是优雅的平底鞋，因为看到这些象征就会想到古驰的招牌产品。因为正是古驰，曾经吸引了全世界的目光……

古驰品牌一直以生产高档奢华产品著名。古驰的魅力是超越文化、超越民族、无与伦比的。无论是鞋、包，还是服装，都以“身份和财富的象征”的品牌形象成为上流社会的宠儿。古驰在时尚之余不失高雅，性感、耀眼、摩登，一向是古驰女郎鲜明的标记，而古驰香水则一向是展现古驰女郎万种风情的绝佳手段。它传达出丰富的信息，令人生出许多遐想和美妙的感觉。有时，人们根本没见到这个女人的容貌，就已经随着她款款的脚步而感到情趣盎然，这或许就是古驰香水引发的性感联想吧？

让古驰成为一种“必需的时髦”，这是古驰香水历来的经营理念。古驰香水具有来自意大利文化的深厚底蕴，饱

含意大利香水极具魅力的品质象征，它高度融合意大利的风情文化，经典、传承、个性、时尚，淋漓尽致地体现了现代人丰富的情感世界与个性化的生活态度。

古驰香水不但内涵吸引人，外观也足以让人心动。它一直以简单设计为主，弥漫着18世纪的威尼斯风情，再融入牛仔、太空和摇滚的色彩，豪迈中带点不羁，散发着无穷的魅力，显得简单而又前卫、朴实而又考究。这恰恰反映出古驰设计背后的生活哲学正巧契合现代人追求实用与流行美观的双重心态。在机能与美学之间力求取得完美平衡，这不但是时尚潮流的展现，更是现代美学的体现。

意大利的时尚和设计举世闻名，从服装设计到香水设计，从建筑设计到汽车设计，无不体现这一点。这种设计文化孕育了许多著名的世界级香水品牌，具有“意大利的骄傲”之称的古驰香水就是其中一个。而所有的这一切，都要归功于两个人：古奇欧·古驰和汤姆·福特。

佛罗伦萨是一座古老的有着深厚文化积淀的城市。古往今来，意大利的、欧洲的，乃至全世界的艺术精髓都在这里得到了充分的继承与发展，并潜移默化地深入到佛罗伦萨的各个行业，甚至是日常生活之中，为当地传统的手工制作，如制革、服装业的发展打下了坚实的基础。古驰这个有名的国际化品牌就是在佛罗伦萨造就的。

追溯古驰的历史，应该从20世纪20年代意大利的佛罗伦萨开始。古驰王国的创始人古奇欧·古驰出生在佛罗伦萨的一个手工业主家庭。

他和大多数普普通通的当地人一样，也曾远走异国寻求发展，可最终还是回到家乡的一家皮货厂操起传统老行当。1922 年，他开了一家小皮货店，并以自己的姓氏注册了古驰商标。

创业之初，古驰从产品设计、生产到销售方式都流露出佛罗伦萨人特有的艺术天分，很快赢得了顾客的青睐。二战后经过短暂重建，世界经济进入到恢复阶段，刚刚走出梦魇的人们大把花钱消费，以排遣内心的困惑，于是一股力求表现个性特色的奢侈风潮迅速兴起，那些牌子硬、产量少、质量精、格调独特的珠宝、钟表、皮件、文具、烟具、眼镜，甚至便签、信封等都冠以“风格饰品”的名头而畅销市场。古驰在这一全球性的流行风尚中果断地抓住机遇，迅速扩大生产系列，竭力推广精品和特色产品，很快成为同行中的佼佼者。

欧洲风格、意大利风格，更确切地说就是佛罗伦萨风格的古驰产品迅速征服了各国的消费者。人们发现意大利人好像主宰了流行的世界，而古驰则为此立下了汗马功劳。古驰的名号在 20 世纪五六十年代之间，就成为财富与奢华的象征，尤其深受当时的名女人爱戴，这其中甚至包括美国前总统约翰·肯尼迪的夫人杰奎琳·肯尼迪。1953 年，古奇欧·古

驰因古驰家族长期以来的明争暗斗，被害辞世。此后，古驰品牌也因授权过度泛滥而沦为处处可见的大众化品牌，营运每况愈下。

值得庆幸的是，而后汤姆·福特成功地将古驰的传统品牌改变为崭新的摩登形象，古驰的再一次辉煌离不开汤姆·福特。正因如此，古驰香水国际市场总监说：“古驰的历史可以分为两个阶段，第一阶段的古驰是属于传统型的；第二阶段的古驰则具有鲜明的时代特色，自 1995 年开始，被称为汤姆·福特时代。”的确，正是汤姆·福特把这个有着百年历史的品牌推向另一个高峰，成为年轻一族时尚的经典代表。

1994 年，当风光一时的古驰集团濒临破产边缘，律师出身的狄索尔接下了这个烫手山芋，并延揽才华横溢的设计师汤姆·福特。成长于美国、常年在外汲取创作灵感的汤姆·福特的设计风格具有鲜明的美式特色——简约、流畅、性感，这在崇尚繁复的欧洲格外引人注目，也更符合现代青年的审美要求，这使汤姆·福特获得了极大的成功。在很短的

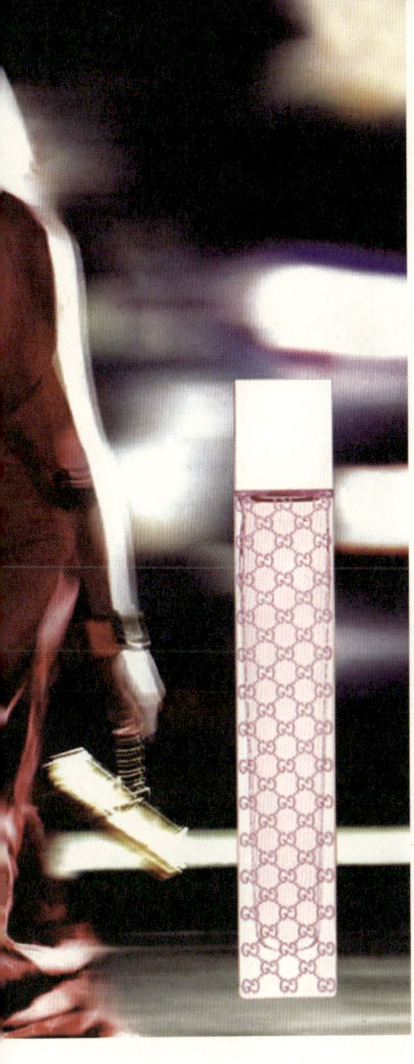

时间内，汤姆·福特以他前卫、时尚、大胆、简约的设计，使渐渐走向低潮的古驰重新变成了最受欢迎的时尚品牌之一，从女装、男装到饰品、香水，古驰的产品赢得了全世界年轻消费者的心。

汤姆·福特在古驰担任的工作包括设计鞋、箱包、手表、男女时装、品牌形象和广告策划，以及监制和推广古驰的两款香水“嫉妒”与“狂爱”。对于汤姆·福特来说，古驰香水的成功得来不易，这个行业虽然利润巨大，但竞争十分激烈，很多大品牌推出的香水如昙花一现。而汤姆·福特监制的香水广告总是以观念大胆而格外醒目，他曾经策划过一个著名的香水广告：女模特全身仅着一双古驰金色细带高跟鞋和一串珍珠项链躺在黑色皮草上。模特身材圆润、姿势惹火为广告引来无数争议。汤姆·福特知道怎么把东西漂亮地卖出去，他可以让广告接近伦理道德所能承受的底线，引起反响却不会被禁掉。尽管不强调自己的艺术天分，但他的设计足以使投资商和社会名流们心悦诚服。

在汤姆·福特的手中，古驰重新焕发出活力和生机，这位年轻的首席设计师在好莱坞的人脉也成为古驰对外宣传的最佳利器。许多明星都会在公开场合穿着古驰的服饰免费替古驰做宣传，包括麦当娜、凯瑟琳·泽塔－琼斯、格温妮丝·帕尔特罗等。人们都认为是汤姆·福特良好的商业意识与敏感的时尚触觉给古驰带来了今天的繁荣。

尊贵奢华、灿烂夺目是古驰品牌最典型的风格，古驰香水柔润细致、瑰丽耀眼，充满着性感与魅惑。它不但独一无二，还突显了时尚的品位和追求。

“性感”历来就被设计师们从许多不同的角度诠释着，续写了古驰传奇的意大利设计师汤姆·福特更是以他独特的艺术触觉，为古驰增添了一抹别样的色彩，为时尚人群带来了与众不同的感受。由汤姆·福特创造的古驰的“性感”是最令人难忘的。

古驰代表着女性艳光四射的性感形象，仿佛是熊熊燃烧着的烈火或者热情的安达卢西亚女郎，爱恨都清楚明白地写在脸上。1997年初，古驰推出了“嫉妒”男士香水，从香味构思、瓶子设计、广告创意皆一手包办的汤姆·福特干脆开宗明义地推销他的性感理念：“他是一个你想要、其他人也想要的男人，也许那并非是最主要的，但他身上肯定具备一些其他人渴望拥有的东西。他是你午夜的梦中情人，是那种你起床后仍然还想拥抱的男人……”果真是坦率得可爱、坦荡得可敬，不但如此，此款香水的目录和广告宣传更印上一个个男女赤裸裸的镜头。真可以说，古驰不但要玩尽天下男女的性感，而且已经成为了世纪末性感的代言品牌或最佳演绎品牌。

古驰嫉妒香水名字的由来是：若让别人嫉妒，就该拥有嫉妒。嫉妒香水让人难以抑制对古驰品牌的恋物情节，集设计、欲望、时尚、性感于一身，让人拥有令人倾倒的魅力。瓶身设计表现出古驰一贯的大都会风格，整体修长而透明，如现代摩天大楼简洁利落的建筑风格，大方流畅又简单完美。嫉妒香水清新、透明的香味灵感来自葡萄藤花，这是一种颇为珍贵的花，每年只在6月初开放，花期为一周的时间。

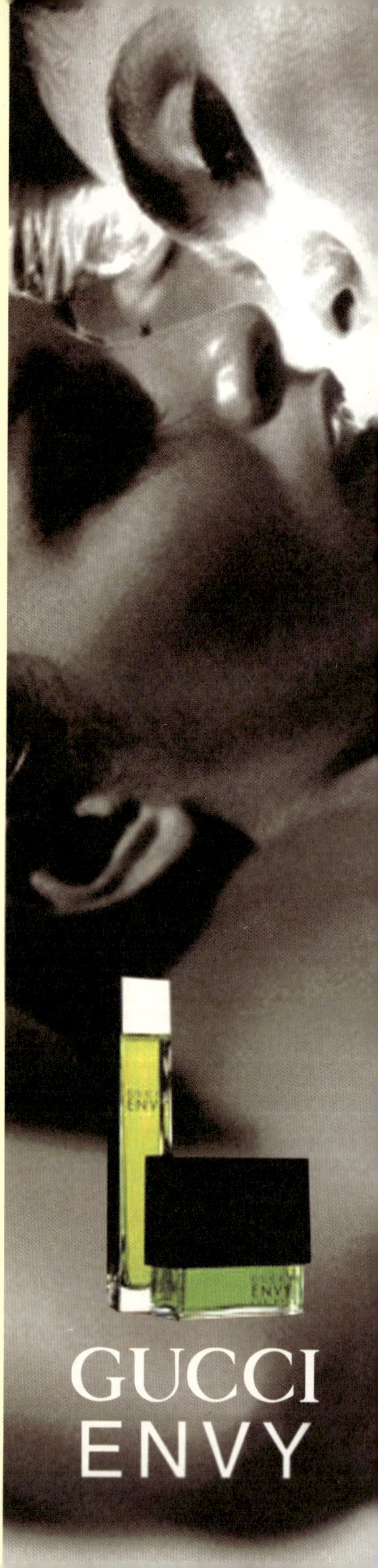

GUCCI
ENVY

GUCCI　古驰嫉妒女香

自1997年以来，古驰嫉妒女香让人钟爱不已，传达出现代女性不扭捏矫情、直言不讳的率真个性。

充满性感与时尚气息的嫉妒女香充满着年轻的活力，抛开了爱情沉重的包袱，女人可以尽情地享受欢愉，对爱情可以拥有浪漫的憧憬。粉红的恋情迷人而自醉，水漾的心情自由而写意，轻飘着粉红色的点点魅惑，让生活也变得如此动人。

香调：花香调
前调：风信子、木兰花、香草
中调：铃兰、茉莉、紫罗兰
后调：蓝鸢尾花、木香、麝香

价格：620元/50ml

或许世界上那些顶尖的香水设计大师们都是些不甘寂寞的艺术家，他们制造出一拨又一拨的流行风潮，驱赶着人们不断去寻求新鲜与惊奇。即使不是人人都能消费得起这些高级香水，但人们还是渴望能从大师们的作品中撷取一些时尚元素作为参考。

古驰的创始人古奇欧·古驰很早就发现，上流社会的精英名流都是十分“坚持完美”的，因而展示设计上的体贴入微和品质坚持，是丝毫不可松懈的。这样的“坚持”成就了古驰享有盛誉的金字招牌。

秉承着古驰创始者超凡卓越、极致绚烂的设计理念，古驰已被世界公认为极具影响力的重量级香水品牌。“新摩登主义”是媒体对汤姆·福特设计的古驰香水的评论，从此古驰香水在人们心中掀起的购买欲望更是愈加强烈。

古驰男香 >>>

金色大厅中，众人迷醉在悠扬的音乐声里，合唱团的孩子们穿着圣洁的服装，动情吟唱着美妙的乐章。身边的美妙花香和木香的交融更加让人燃情，相邻而坐的目光意外轻碰，激荡起回忆中温暖又奇特的触点，仿佛时光倒流又回到了电影里的纯真年代，他用贵族的优雅牵着她的手，在世袭的矜持姿势里暗藏着爱情无法抗拒的光彩，时空交错，爱情依旧。

古驰男香以复古琥珀色水晶玻璃做瓶身造型，奢华的辛辣香调，混合着珍贵木材，综合了琥珀和皮革的香气。

搭配着线条简洁的水晶玻璃瓶，映着象征摩登与经典的琥珀色，深棕色的瓶盖保留着金属本身的粗犷感，瓶底加厚使光线投射出底部的千鸟格纹，精致的千鸟格纹纸盒包装更是永恒经典的象征。

古驰狂爱女香 >>>

色彩斑斓的烟花把整个夜空燃亮，礼炮足足响了十几分钟。从世界各地赶来度假的游客聚集在这绚丽的人间天堂，共享圣诞的喜悦和欢庆。一群年轻朋友中的他看到了被焰火映红了脸的她，此刻，喧闹的欢呼、华丽的焰火仿佛突然消失，一切变得静谧而温馨，热烈完全因那抹诱人的东方花香调而幻化为全身热血倒流般的汹涌萌动。

古驰公司推出的这款香水是由古驰创作总监汤姆·福特的一句话而起——“我想要一点红”，这款既激情感性，又充满怀旧风格的香水由此诞生。从香水的广告、包装以及在纽约举行的盛大午宴，一切均以“红”为主题。

古驰狂爱女香凭借协调的清新花香调，展现一调到底的感官能量，散发着激情与炙热，对于身着性感比基尼的海滩女郎，只有它可以为性感加分，令人难忘！

古驰忘情巴黎女香 >>>

一款花果香调的经典香水，仿如一位令人赞叹不已的女子，她深情款款，心境明朗，从不冷漠。她是一位真正的威尼斯女子，温柔但行事果断，想法浪漫但同时也是一个实干主义者，对于现代生活给予她的种种束缚总能一一化解。她兴趣多样，她推崇古典，对未知事物也有强烈的好奇心。

香水瓶的瓶身以纯粹无杂质的水晶为质地，线条流畅、清朗，呈现出纯女性化的柔润晶莹的质感。瓶体与香水相得益彰，令优雅的使用者爱不释手。

高田贤三

恬淡典雅的自然之香

高田贤三香水巧妙融合了亚洲的诗情与禅意和西方的时尚与活力，传递出一种温柔高雅、匠心独运的魅力。那崇尚愉快、轻松和自由的内在神韵让人一见倾心。

KENZO是由高田贤三在法国创立的品牌，结合了东方文化的沉稳意境与拉丁民族的热情活泼，大胆创新地融合了缤纷的色彩与花朵，创造出活泼明亮、优雅独特的作品。高田贤三自1970年起开始在时尚界崭露头角，并在1993年加入LVMH集团，自此高田贤三旗下的服装、饰品、餐具以及香水开始受到更广泛的欢迎。

KENZO

提起高田贤三的产品，人们往往会生发出奇妙的清新之感。如果说服装是高田贤三王国里的建筑主体，那么香水就是他的后花园。高田贤三为传统的法国香水业吹来一股清新的异域之风，创造了一种不同的风格。他在瓶身的设计理念上不用金色也不用黑色，在香水的素材上也舍弃一般和传统，重新捕捉了他在创意上钟爱的主题，其中包括自然、愉悦、自由以及轻快等元素。高田贤三出品的香水，总令人感到熟悉的优雅欢愉，它散发的不像是香味，更像是女人特有的一种味道，一种气息，若即若离，若有若无……

在这里，高田贤三将阳光、绿叶、竹、水、花香置于其中，花朵已成为高田贤三品牌的标记。无论是华丽美艳的、清新脱俗的、零碎的小花束，还是轻柔的粉色花蕾，或者是浪漫的、充满活力的、富有时代感的怒放之花，高田贤三都把它们的各种美态活生生地表现在香

水内。因为他一直都认为花卉最能尽情展现生命绽放的热情，当所有花朵盛开时，它们会毫不保留地释放出全部的生命力，充满了朝气与喜悦。人们在高田贤三香水中可以充分享受清新闲逸的田园式生活，在绿绿的草地上静静地躺着，呼吸果实的清香、花儿的芬芳，任思绪漫天飞扬，任幻想超越疆界，体会人生种种最美妙的感觉。

高田贤三香水将东西方艺术合为一体，是千百个回忆和最新感受的融合，也是骚动与平静的混合。这些令人心旷神怡的动人香水，来自于创始人高田贤三对大自然一贯的热爱与生命深处的莫名悸动。在他的香水世界里，自在与幻想、天真与创意幻化出美丽清新的大自然，这里有初晓的阳光与鸟儿的吟唱，还有黄色小冠花的轻轻细语，与草原之风偕舞的美丽少女……轻快愉悦，幸福徜徉，呼吸着来自阳光与翠绿大地的自在喜悦，尽享灵魂深处的温柔惬意。正如高田贤三所说："通过我的香水，我在表达一种自由的精神，而这种精神，以香水来说就是简单、愉快和自然。"

继一枝花香水上市六年后，千里之爱是另一个代表东方的指标香水，更是东西方文化交融的最佳典范。

千里之爱是高田贤三香水中非常具有代表性的香水，传达出高田贤三品牌的不同面貌，代表着爱的旅程。东方的樱花和赤素馨花呈现出木质麝香调，以真实的旅行故事为背景，带给人无比愉悦的幸福氛围。

高田贤三一直以他异常清新的“笔调”，以他含蓄的手法，耕耘着他美丽的时尚花园，并将和谐、宁静、诗意、色彩、自然，根植其中。

KENZO

世界时装舞台长久以来一直为鼻挺目深的欧美人所垄断。曾几何时，几个来自东方岛国日本的设计师带着一点神秘，一点莫测，更带着让世界惊叹的才华站到了这个舞台的中央。成衣设计师高田贤三就是其中杰出的一位。这些黑头发黑眼睛的亚裔设计师的成功，不仅为欧美本位文化吹入了一股清新而悠长的东方之风，而且给在东方本土“奋战”的时装业同行以莫大的鼓舞与信心，他们开辟了一条由东方通向“时装盛世”的路。

Kenzo 是高田贤三的“贤三”日文发音，高田贤三是在国际享有极高声誉的日本设计师中的突出代表。

高田贤三以其同名品牌的热销而为世人熟知。这位带着一脸灿烂微笑，留着浓密的娃娃式长发，谦逊而幽默的艺术家在通往巴黎的成功路上也经历了暗淡而艰难的日子，但他的作品却始终没有丝毫的忧伤，就像雷诺阿的画一样，只有快乐的色彩和浪漫的想象，因此被称为“时装界的雷诺阿”。在巴黎，他最终找到了东西方文化交融的最佳平衡点。他给人的感觉是那么的平和而善良，他的作品是那么的与人亲近，富有感染力。巴黎很快接纳了这位来自东方的时尚骄子，整

KENZO

个时尚界也很快向他敞开了怀抱。在时装世界尽情挥洒的同时，高田贤三这位以“给女人创造梦想”著称的时尚设计师，也没有忘记借助于香水——这一充满时尚气息的载体，向人们传播爱人、爱自然等具有鲜明人性色彩的内心情结。

KENZO

20 世纪 80 年代的时尚界，颓废、嬉皮占据着主流地位。在这样的背景下，高田贤三的带着花香和果香味道的 NO.1 香水问世——白色的背景画面上，身着淡绿色服装的清纯小女孩欣喜地看到鹅卵石上长出了硕大的花朵。画面上的黑色与金色是那个年代的主流色，这两种色彩的协调运用，既迎合了当时人们的心理，同时又非常符合高田贤三东方人特有的含蓄风格。自此之后，高田贤三一直以这种缓缓渗透的方式，引导人们去感受自然、领略自然，并陶醉其中。

1999 年，为表彰这位杰出的法籍日本设计师为人类和平所作的贡献，经过联合国 33 位大使的投票，高田贤三先生荣获了“和平时刻”奖。这一奖项是由美国纽约一家非牟利性组织设立的，专为表彰那些为人类和平、理解与和谐贡献力量的人员，并得到世界的公认。高田贤三成为获此殊荣的第一位时尚大师。获奖之后，高田贤三先生为散播和平、爱与积极的讯息，设计并推出了高田贤三“和平年代”限量版男女情侣淡香水。他用漂流瓶的设计和亲笔书写的文字表达着自己内心对和平的希冀——任幻想超越疆界，待明日更为美好。

高田贤三不是那种标新立异的香水，它有一点点传统，有许多热情的颜色，有活生生的图案，还有几分自然淡雅。一枝花香水就是高田贤三这一品牌的抗鼎力作。

KENZO

高田贤三一枝花香水别出心裁的原创，来自于身兼摄影师、作家、与行销创意总监三位一体的帕特里克·葛吉。他基于“人生高高低低，几多起伏，总要以最美的姿态，来展现出傲人的勇气”的信念，在每一瓶香水中都附有以 16 种不同语言表达的诗句——“别具魅力，始终这花最美”，来强调一枝花香水所蕴涵的精神。

现实中的罂粟花是没有香味的，所以一枝花香水澎湃的生命力与活力，恰如新生的种子，清新纤美。

前调绽放花香的能量，鲜明活泼、色彩缤纷的花束奏出巴拿马紫罗兰、野生山楂、肉桂树与保加利亚玫瑰柔和丰富的曲调。中调散发木质感性，如调色盘般丰富甜美，情感洋溢，衬托留尼旺岛香草、白麝香及树脂的清新暖意。后调洋溢都会活力，肯定、大胆、充满智慧的都会步调，混合希蒂莺与彩戈素散发出的清新热情的活力。蕴涵花香，结合时代感，饶有诗意的力量，令香熏气息充盈其中。纤长的包装将姹紫嫣红的罂粟花从发芽、含苞、开花到烂漫欲滴的美丽画面展现眼前。

当这款香水发布的时候，广告公司将巴黎的九桥用玫瑰花铺满，轰动一时，此后每年销量都超过 10 万瓶。在 2006 年，为了庆祝一枝花香水上市五周年，高田贤三特别推出了限量发行的三朵花精致典藏版，它同样赢得了众多顾客的热烈追捧。

KENZO　高田贤三一枝花香水

高田贤三一枝花是款特别的香水，优雅而含蓄，诞生的当年在意大利博洛尼亚的国际化妆品展上夺得包装设计的大奖。更特别的是，它是市场上第一支不同容量有不同外形的香水：30ml 用的是待放的花苞，50ml 表现的是初绽放的喜悦，100ml 则是盛开的花朵。这些外形象征着花朵成长的不同阶段与过程，而瓶身弯曲的线条，则宛如花朵迎风摇曳，顾盼生姿。

香调：优雅花香调

前调：紫罗兰、山楂、肉桂树、保加利亚玫瑰

中调：留尼旺岛香草、白麝香及树脂

后调：希蒂莺、彩戈素

价格：330 元 / 30ml

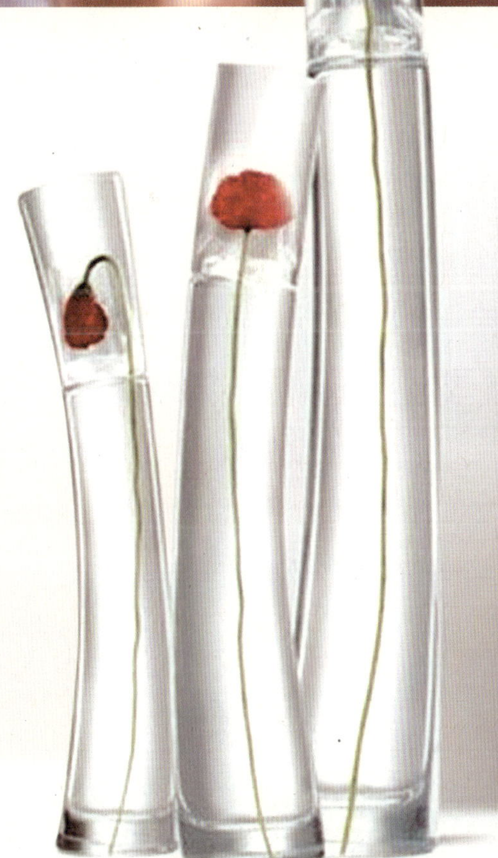

提到高田贤三香水就让人无法不联想到宛若置身大自然的自在状态，取撷于空气、水、天地的生命喜悦，鲜艳浪漫却不花哨，这都归功于品牌创始人高田贤三的天真与创意。

KENZO

高田贤三海洋蓝调毛竹男香 >>>

高田贤三自1991年推出第一瓶男香——毛竹并获得成功后，2002年又再度重新演绎这款经典男香，以刀鞘及竹纹为主题的香水瓶身设计，弥漫着一股沉静的紧张感，使人有如置身于广阔的海洋中。

高田贤三海洋蓝调毛竹男香一方面延续了品牌固有的清爽、宁静的特点，另一方面又具有鲜明的特色。独特的海洋蓝调香型让使用者由内而外焕发出生机勃勃的生命力与自信，仿佛可以瞬间幻化为一个具有大海般博大胸襟的男子。几分自由、几分自信、几分包容，所有人们心中魅力男人应该具有的符号，都被完美而统一地容纳于这款男香之中。因此，它一经推出就屡次荣获各种香水排行榜中男香排名的榜首也就没有什么可奇怪了。

在鲜嫩又温和的氛围中微露的爽朗，来自珍稀的紫色花瓣之香。这款更适合生活在亚洲湿热气候下的男性使用的全新香型，除了在香调上作了年轻、现代化的调整，更改变了传统香水的释放方式，以崭新姿态再出发。

这款高田贤三海洋蓝调毛竹男香的主调是由海洋与木质两种香调组成，采取如同淡香水比例的清新淡香水组合成分，加重清新调味的比重，同时抛弃传统三段式香水的诠释过程，而以线性释放方式，一次释出完整而协调的香氛气味。独特的喷雾瓶盖设计，也是另一特点，使用时可不必取下瓶盖，即能直接喷洒香水。

高田贤三以丰富的想象力与创造力，敏锐地创造出柔和的自然气息。如果你也渴望如风般的自由，高田贤三香水绝对适合你！

Kenzo
KENZO
JUNGLE
POUR HOMME

高田贤三丛林大象女香 >>>

高田贤三的香水作品，一向使人另眼相看。他自问：世界女子究竟都在追求什么感觉呢？丛林大象女香正好让他把答案找出来。从丛林大象女香散发出来的，是一种焕发的气味，这种爆发性的芬芳，是把多种香料所含的独特精神共冶一炉，让人想起哥伦比亚雨中的曲奇饼，甜美而浓烈的香气。它将热带水果及南国的花香料混合，让人仿佛置身于热带丛林中，这一趟芬芳之旅，绝对让人回味无穷！

丛林大象女香以高田贤三最钟爱的动物泰国象为瓶盖设计。瓶盖上是大象，像是一首赞美大自然的颂歌，赋予人爱的生机。高田贤三宣布自 1997 年起，每年将由一种动植物代表作为其年度主题的香水。这瓶以依兰花及芒果为主题的香水，呼应都会女子极欲摆脱水泥丛林奔向大自然的渴望。

高田贤三晨曦新露女香 >>>

高田贤三晨曦新露女香代表了一个全新自我的诞生。一支充满都市阳光气息，带着感性的全新香味，重新演绎了这个夏季的美丽，是一款具有活力，更充满感性、浪漫的全新女香。高田贤三晨曦新露女香令人惊喜地解构出完美的和谐，宛如被阳光轻吻的花朵，在空气中荡漾着柔细酥软的女性意境，赋予这支香水不可思议的感性香调，细腻而令人无法抗拒。

晨曦新露的瓶身设计，是一片冰洁剔透的叶状瓶子。散发出的金黄莹彩，宛若快乐地接受阳光洗礼的铃兰叶，在微风中自在展露着优雅姿态。其特殊平放时展露的优美曲线，又如一位随意轻躺在草原上闲憩的美丽少女，飘逸却散发出独特的个性美。搭配精致圆润的瓶盖，以及上刻的KENZO字样，简洁而高雅。明亮的外盒包装，展现的是在晨曦中迎向太阳微笑的黄色小冠花，自在优雅地伸展着，尽情享受夏日阳光的温煦。

创始人
卡尔文·克莱恩
创始时间
1968 年
创始地
美国·纽约

卡尔文·克莱恩是当之无愧的全美最具知名度的时装设计师，因为他设计的意念反映了当时的社会潮流及人们心境上的变化，素有“生活艺术大师”的美誉。他以创立美国风格而著名，并且凭借自身持续不断的努力，使美国风格更现代化并更臻完美，对美国社会风气和人们生活方式的改变作出了积极的回应。

卡尔文·克莱恩比任何一个设计师更懂得将时代风格融进自己的作品中，他设计的款式简单的都市香水实现了都市人十分向往的宁静生活的愿望。

香水使卡尔文·克莱恩先生成为20世纪末时尚的倡导者和引路人之一。他的设计哲学更趋现代主义，倾向于强调一种纯粹简单、轻松优雅的精神，并且他认为用完美的创造来表现真实的自我并不是件难事，他说这是由于他用“心”来设计的缘故。他还腼腆地补充：“所幸的是，我想用的也正是别人喜欢的香味和款式。”他的崇拜者曾经指出，如果说卡尔文·克莱恩总能预测人们的需求，也许是因为这位出生在纽约布朗克斯区的设计大师不受昙花一现的流行趋势的影响，专门设计与他自己形象相符的款式的缘故。正因如此，卡尔文·克莱恩才能不断创造出一系列跟随时代潮流的香水。

1968年，卡尔文·克莱恩和他的儿时玩伴巴里·施瓦茨一起创业，经营大衣和男士套装，后来扩展到牛仔服、内衣和首饰。至于在20世纪80年代中期推出香水更是水到渠成的事。卡尔文·克莱恩化妆品公司1985年成立，并推出香水“迷惑”。那时，女权主义兴起的时尚文化带来中性香水的悄然流行，女性喜欢嗅到男性香水所散

发出来的诱惑异香，而男性反过来亦然，中性香水由此大行其道。男女共享香水成为这一时期时尚男女的共同爱好，于是，淡淡的克莱恩香水的气味弥漫在时尚生活的各个角落。此时的卡尔文·克莱恩香水的香味，已不再芳香袭人，而是清新爽洁，这使它和人们越来越独立练达的生活意识配合得丝丝入扣、密不可分，从而完美地诠释出卡尔文·克莱恩心目中的现代年轻人的形象：他们让自己赏心悦目；他们积极融入生活周遭的一切；他们神情自若地拥抱生活；他们力求生活完美而充实；他们因为拥有超乎你我想象的魅力而倍加性感。

广告是卡尔文·克莱恩表现创意的最佳焦点，强烈视觉印象所呈现的“性感”一直是其广告的代名词，而卡尔文·克莱恩也相当擅长塑造人物形象，经由他一手捧红的超级模特如克里斯蒂·特林顿、凯特·莫斯两人都红透半边天。克莱恩相当偏爱裸体形象，无论在内衣、时装或香水广告上，经常可见模特呈全裸或半裸姿态大肆挑逗的视觉印象，性感诱人而不低俗，这一切都让克莱恩产品随时保持在流行第一线。

卡尔文·克莱恩永远创意不断，他为他的作品注入了诸多生活哲学：对性的信仰，极度的简单，注重细节享受。而以他的名字命名的香水、牛仔和化妆品，将这个名字及其背后的生活哲学带到了世界各地，共同构建了其荣耀的历史。

作为一种实用技术，卡尔文·克莱恩香水的目的是使身体产生性吸引力。因此，它是一种产生并强化欲望的手段，同时也有节制地表达了欲望。

卡尔文·克莱恩本人就像他的时装一样性感、有魅力，是许多人追逐、崇拜的偶像，他被美国民众选为美国历史上最具影响力的百位名人之一。

cK

从 1968 年开始到现在，卡尔文·克莱恩已在时装界纵横了 30 多年，享有盛名，并被认为是当今“美国时尚”的代表人物。他认为今日的“美国时尚”是“现代、极简、舒适、华丽、休闲又不失优雅气息”的，这也是卡尔文·克莱恩的设计哲学……

卡尔文·克莱恩本人就被称为纽约第七大道的“时装王子”，他虽已过了知天命之年，却依然保持着匀称的身材，每次出现在公开场合时，总是衣履光鲜，有型、有款、有品位，丝毫不逊色于任何明星、模特。

卡尔文·克莱恩 1942 年出生于美国纽约。60 多年来，他生于此，长于此，成就于此。在布鲁克林区，他是犹太后裔，是跟在祖母、母亲身后逛商店的时髦小孩；在第七大道，他曾是时装界的新人，为了拿到一张订单，自己推着载满样衣的手推车，穿越整个曼哈顿；在俱乐部，他曾是放浪形骸的欢场客，一晚一晚地挥霍大把的钞票；在时代广场，他那醒目的广告牌则早已是这个世界之都的名片，连《纽约客》杂志都这样写道："看见了时代广场的卡尔文·克莱恩香水广告，人们才意识到自己身处纽约。"

"极简风格"是卡尔文·克莱恩在设计上的"注册商标"，卡尔文·克莱恩曾说过："我觉得我的设计哲学更趋向现代主义，我会继续专注于美学——倾向于强调一种纯粹简单、轻松优雅的精神。我总是试着表现纯净、性感、优雅，而且我也努力做到风格统一，以及忠于我的梦想。我想人们会因此更了解我想要呈现的是什么，他们会欣赏，并积极地回应。"

cK

卡尔文·克莱恩不仅是一位时装设计大师，而且极具商业头脑，还是广告创意方面的高手。20 世纪 70 年代末，他进入牛仔服装业，启用了当时刚刚成年的青春玉女明星波姬·小丝任他的牛仔服装的广告女郎，这是卡尔文·克莱恩备受世人争议的众多广告的开始：年轻的波姬·小丝甩动着飘拂的秀发，一只手轻搭在臀部，用很磁性的嗓音说出了那句闻名全球的广告语："在我和我的克莱恩之间什么都没有！"这在暗示她没穿内裤。20 世纪 80 年代的牛仔服装业进入低潮期，卡尔文·克莱恩借此转战到内衣和香水业领域里大展身手。从那时到现在，克莱恩公司推出的激情、逃逸、永恒、1 号香水等无一例外地受到了消费者的喜爱，这当中让舆论沸沸扬扬的各色广告功不可没。

卡尔文·克莱恩产品的重要风格之一就是性感，因此在他的广告中这一特点得到了淋漓尽致的发挥：他的广告常采用裸体人像，旨在创造完美的、艺术化的形象。但有时卡尔文·克莱恩也会打些"擦边球"，比如在内衣广告中让一名似未成年的女模特摆出带色情意味的露底裤姿势，就引起了颇多争议，还遭到了英国广告标准署的干涉。当然，在卡尔文·克莱恩的概念中性感是多种多样的，所以近来他的广告中不见了昔日的骨感与颓废，取而代之的是一群活力四射、青春健康、有着灿烂笑容的年轻人，那份热情的魅力也轻易掳获了消费者的心。

当卡尔文·克莱恩1号香水推出时候，它还是一款违背常规的香水，它的使用者不仅仅限于年轻的女士，同时包括男士。这一款香水很快在国际上轰动了，许多香水生产者纷纷效仿，它几乎代表了新时尚一族的欣赏取向。

cK

卡尔文·克莱恩是美国第一大设计师品牌，旗下相关产品更是层出不穷。卡尔文·克莱恩公司推出的香水无一例外地受到了消费者的喜爱，设计于1985年的激情香水，是一款悠远古典最具女人韵味的香水，它宣传时所采用的梦幻般的广告，给香水界带来一股强劲的冲击，直到20世纪80年代末才告一段落。人们的目光又聚焦于恰逢其时推出的永恒香水，该款香水唤起了人们对永恒的浪漫与亲密的向往。而卡尔文·克莱恩1号香水是一款每个人都可以使用的中性香水，它以全然不设防的开放态度，希望将每一个人皆收归其下。它传递出的现代明快节奏，迥异于传统香水所诉求的浪漫优雅。

1994年卡尔文·克莱恩1号香水推出之后，以香水传达的个性、统一的20世纪90年代的新理念吸引了那些从不用香水的年轻人，经历了消费者九个年头的考验，依旧在市场上屹立不倒。它是一款让人感到亲切的香水，只需要你靠近它，全身上下洒满它，你就会像一杯绿茶一般清新自在。

1号香水是一款极其美妙的无性别香水，在外观仿如牙买加朗姆酒瓶的1号香水之中，不分种族、性别、年龄的人们，共同分享着同一个世界。在近几年来，卡尔文·克莱恩公司每年都会推出限量版包装的1号香水，并邀请三位知名艺术家创作了三款瓶身，来自纽约街头风的弗图拉、艾斯普以及来自荷兰擅长未来派与立体建筑特色的台达，以香水瓶身为创意平台，使1号香水的限量版呈现年轻多样的涂鸦风格。

顶级
镇牌之宝
BEST OF THE BEST
Calvin Klein
卡尔文·克莱恩1号香水
这款男女共享香水，因打破性别藩篱，以20世纪90年代两性亲密共享、摆脱社会礼教的束缚及简单的玻璃可回收包装为市场诉求，颠覆传统香水的华丽形象而热卖。
香调：柑苔果香调
前调：佛手柑、豆蔻、新鲜菠萝、木瓜、柠檬
中调：茉莉花、铃兰、玫瑰、肉豆蔻、百合、鸢尾草
后调：麝香、琥珀、檀香、雪松、橡木苔
价格：360元/50ml
Klein
cK one
Calvin Klein
ck one summer
Calvin Klein

对女人来讲，被卡尔文·克莱恩香水包围是一种曼妙的感觉，像是在神秘的夜中投入地独舞，只有活力的气息传过来，而不见洞察的眼神看过来。对男人来讲，卡尔文·克莱恩香水则是热情与洁净的代表，和谐的香气一如温柔的情歌，令人悠然神往。

cK

卡尔文·克莱恩永恒香水 >>>

永恒香水的香调令人一闻难忘，它见证了无数美丽的爱情，在2003年上市届满15周年时，卡尔文·克莱恩特别推出香水限量珍藏版，让所有香水迷们重温它所象征的永恒爱情与浪漫的海誓山盟。无论是男香或女香，香水瓶上都缀上卡尔文·克莱恩的签名纪念银牌，颇具收藏价值。

卡尔文·克莱恩永恒夏天女香 >>>

卡尔文·克莱恩旗下畅销的永恒香水，自1988年上市以来历经了十几个年头。在2005年夏天，特别推出了全新限量版香水卡尔文·克莱恩永恒夏天女香，将仲夏的悠闲聚集其中，象征大地生生不息的青绿色，搭配清晨天色微亮的浅蓝渐变，更显得淡雅清爽透明。

卡尔文·克莱恩永恒夏天2005女香沾着露珠的粉绿色花香调，伴随着沙滩、海草、海风。在永恒夏天的香气里作个露湿粉绿花香的美梦，能让人感受到度假般的自在。前调融入了水栽铃兰、百合、马鞭草与紫罗兰叶的柔和清新。中调则散发着白茉莉、栀子花、莲花的优雅。后调的绿岛无花果木、含羞草精粹让人留住假日的清爽。

卡尔文·克莱恩真实女香 >>>

卡尔文·克莱恩真实女香有着令全球时尚一族惊艳不已的瓶身设计，香水瓶是由大师法比安·巴伦担纲设计，瓶身由精炼玻璃所制，由微倾的正面渐渐弯曲成浑圆的背面，易于掌握。现代的外观和感觉因性感晕红的液体而显得更加完美。顶端银色的瓶盖与瓶身契合无瑕，坚持让纯真之美，坐落成一处美丽的风景。

真实女香是唤醒活力散发性感的个性化香水。充满着振奋人心的竹子、佛手柚气息的前调，增添女人味的野玫瑰、丝树花中调，以及展露性感的白麝香等后调，加上雾面玻璃瓶身的淡粉红包装，堪称是一款现代感十足的性感香水。

以简约质感著称的卡尔文·克莱恩，以其一贯的现代都会风格深受品位人群的喜爱。无论是香水还是服饰，卡尔文·克莱恩都善于在典雅的中性色调中，展现一种简洁利落的时尚风貌。

Elizabeth Arden
伊丽莎白·雅顿
刚柔兼具的都市幽香

当经典传统遇上摩登现代，就造就了不凡、唯一、极致的伊丽莎白·雅顿香水。这个成就了无数神话的香水，已经成为全球无数女子的最爱。

Elizabeth Arden

自古至今，没有任何单一的定义可以完整地描绘出美，因为每个女人都会散发出属于她自己的独特的个人风格及魅力，但伊丽莎白·雅顿香水，却成功地将女人的韵味挥洒得淋漓尽致，展现着具有个人独特魅力、高雅自信、懂得享受生活的女性风采。

仿佛一朵城市之花，伊丽莎白·雅顿香水成为人们与自然连接的纽带，向人们讲述了非凡、纯洁、坚强而又感性的美的力量。它体现的是女人尽善尽美的理想和不屈不挠的精神。正因如此，自信、时尚和独具个性的女性都禁不住对它情有独钟，而那种外露、个性鲜明，同时兼具情绪转折的香味，更是令许多女性追随一生。

伊丽莎白·雅顿香水代表着性格上的开朗、亲切和无比自信，虽然它极具女性香水的特质，但它的独特气质中饱含活力，有时甚至因为稍微有点咄咄逼人而略少温柔相。不过，正是依赖这种略显矛盾的特质，才让它能够在众多香水品牌中脱颖而出。伊丽莎白·雅顿香水的配方具有浓郁的花香，那是有点侵略性的、不加掩饰的香味，这种香水并不适

合草地上的野餐，可是在一些正式的场合，只要你有足够的自信和智慧，但用无妨，它会将你的美丽散发得淋漓尽致。

伊丽莎白·雅顿香水以活力而性感的花香，表达出女性的多重风貌。它仿佛是一个浑身高贵性感，却又让人感觉亲近的女人；时而又犹如暮色下静坐街边的少女，那样淡泊缥缈，宁静自然，仿佛东方神话中不食人间烟火的仙子，自然纯真，清香千里；它又像有着至高品位、尊贵华丽、性感诱惑的女士，不受时尚潮流的影响，却拥有女性独特的魅力与高贵。

那些在传统与现代之间挣扎的女子，从伊丽莎白·雅顿的香气中可以呼吸到无限的自由，尽情地去感受生活，远离尘世的喧嚣，适时聆听自己内心的声音。当然，它的美妙并不只存在于此时此刻，当一种神秘而缠绵的香味飘来，你可能就突然想起了某一天某一时刻的某个故事——属于自己的故事，伴随着它独特的芬芳，一滴滴穿透你的心灵。

RED DOOR
THE FRAGRANCE

没有任何一款香水适合所有女人，也没有任何一种香水能阐释女人的每一种心境，只有伊丽莎白·雅顿能具有如此巨大的力量。它将女人的娇羞、畏惧、骄傲、向往、自信、坚强和风情全都锁定在或清淡或浓艳或妩媚的芬芳之中，企盼匆匆经过或稍作停留的人都能感受到它想要表达和难以道出的一切。一段单纯的情感，一份无限的亲切，伊丽莎白·雅顿香水将女性的温柔清晰地呈现出来。淡淡的清香不失持久，清新的风雅不失柔美，伊丽莎白·雅顿的香气留下恒久不朽的氛围，深深烙印在每个人的心中，令人永难忘怀。

Elizabeth Arden

伊丽莎白·雅顿的经典香水席卷全球，无人能敌。雅顿的成功靠的不是过去辉煌的历史，而是靠一点一滴努力的累积。正是这种持之以恒的精神，成就了伊丽莎白·雅顿的风韵。

要论最雅顿的女人，当属品牌的创始人佛罗伦丝·南丁格尔·格雷汉姆。在那个只有演员才化妆的20世纪初，正是这样一位充满了自信、梦想和执行力的女性，一位一生以“美”为事业的女性，一位被《生活》杂志评选为“20世纪最有影响力的美国人”之一的女性，亲手开创了享誉全球的“红门王国”——伊丽莎白·雅顿品牌，并一直引导着世界化妆品及香水的时尚风潮。

佛罗伦丝年轻时来到美国，先是在纽约一家化妆品公司工作，1910年，从亲戚手中借了6000美元，在有美国时尚中心之称的纽约第五大道开设了自己的美容沙龙。不久后，佛罗伦丝·南丁格尔·格雷汉姆改名为伊丽莎白·雅顿，并以此作为沙龙的名称。“伊丽莎白·雅顿”的名字是从当时一本著名的小说中得来的，那本书名叫《伊丽莎白和她的德国花园》。不过也有人认为这名字是从丁尼生勋爵的诗《伊诺克·雅顿》中得到“雅顿”，再加上佛罗伦丝喜爱的小说家伊丽莎白·冯·阿尼姆的名字混合而成的。她的美丽事业也随这家沙龙的开张而起步，这家倡导女性整体美的高级沙龙，装潢精致高雅，以其红色大门而举世闻名。

Elizabeth Arden

雅顿夫人凭借她出色的经济头脑和铁腕风格，将伊丽莎白·雅顿品牌经营得有声有色。一家家红门沙龙在美国和欧洲遍地开花，到了1930年，雅顿夫人已足以证明“美国只有三个品牌能享誉全球：可口可乐、胜家缝纫机和伊丽莎白·雅顿的化妆品”。《财富》杂志在论及她的魄力和努力精神时这样写道：“她可以喝令太阳驻留，容她调制好合适的粉红色，她因此比其他商业女性赚取了更多的财富。”1936年，雅顿推出了大受市场欢迎的“青青芳草”香水。这款香水的名字使人想到她在弗吉尼亚的养着马匹的故居。香水由乔治·福克斯调配，他是佛拉格那德企业的老板，现在还在格拉斯调制香水。除了畅销60多年不衰的“青青芳草”外，伊丽莎白·雅顿公司推出的香水品种超过了50款，其中包括有“红门”、“太阳花”、“第五大道”、“真爱”，以及最新推出的“奇妙”。

享有“化妆品皇后”和“头脑灵活的女实业家”美称的伊丽莎白·雅顿以88岁高龄逝世，身后留下了年销售额高达6000万美元的化妆品帝国。她通过一生的努力，改变了人们的美容观念，领导了美容、保养业的时尚潮流。为此，雅顿夫人得到过英国女王和王太后的王室嘉奖。

伊丽莎白·雅顿是全球最负盛名的化妆品及香水公司之一。1993 年推出的太阳花香水、1996 年推出的第五大道香水等都为雅顿公司赢得了香水界的奥斯卡奖——FIFI 大奖。第五大道香水曾由于伊丽莎白·雅顿女士的要求，只能在纽约第五大道销售，

Elizabeth Arden

伊丽莎白·雅顿
Elizabeth Arden

对第五大道的印象源于奥黛丽·赫本在《蒂凡内的早餐》中的一个习惯举动。电影中，赫本每天早上都会来到纽约第五大道的蒂凡内橱窗前，一边吃着手中的面包，一边隔着玻璃窗望着里面高贵的首饰，幻想着有一天自己能够在高贵的珠宝店里享受轻松的早餐。正如影片展现的那样，纽约第五大道的盛名早已远近皆知。

第五大道处于曼哈顿的中轴线，它是“最高品质与品位”的代名词，集中了曼哈顿的精华，是纽约最繁华的街道。全美国最著名的珠宝、皮件、服装、化妆品商店都集中在第五大道上，它们像一颗颗闪闪发光的钻石，镶嵌在第五大道的两边，吸引着成千上万的游客。在对全球 45 个国家的 226 家顶级零售购物场所的调查中显示，纽约曼哈顿的第五大道是全球租金最贵的地点，商铺的年租金高达一平方米 7967 欧元，之后才是法国巴黎的香榭丽舍大街和中国香港的铜锣湾。

第五大道的尊崇与华贵源自 19 世纪初富有的纽约人将住宅选在了当时还只是一条乡间小道的最南端，19 世纪末第五大道以其高雅与盛誉成为纽约一大亮点，今天它成为纽约当之无愧的商业中心、文化中心、购物中心和旅游中心。但对于雅顿来说，它不仅是一个地址、一个名字，更是一种风格、一种态度。

Elizabeth Arden
伊丽莎白·雅顿第五大道香水

伊丽莎白·雅顿第五大道香水采用顶级的保加利亚玫瑰、菩提、依兰和茉莉等原料，调配出独具匠心的“东西方合璧”的香型（据说：唯独这款香水至今没发现仿冒品；在巴黎也唯独允许销售这款来自北美的香水）。伊丽莎白·雅顿第五大道香水具有芬芳优雅、华丽时尚、蕴涵无穷魅力的特点，香味清淡却不失持久，高雅又不失柔媚。

香调：清甜东方香调

前调：紫丁香、木兰、法国铃兰

中调：保加利亚玫瑰、紫罗兰、桃花

后调：琥珀、鸢尾草、香草

价格：380元 / 30ml

Elizabeth Arden
5th
avenue

abeth Arden

伊丽莎白·雅顿情归第五大道香水，由国际著名香水商奇华顿旗下设计师奥利维尔·吉若丹创作。设计师是这样描述这款香水的："我将情归第五大道定位为东方香调——充满着温暖美感，适合任何年龄层次的女性。"

第五大道香水是伊丽莎白·雅顿公司出品的女香，属"都市时尚型"，诞生于1996年。伊丽莎白·雅顿以"第五大道"命名此款女香既彰显了她从纽约第五大道开始的事业，又充分体现了她尽善尽美的理想和不屈不挠的精神。第五大道香水的包装以纽约市曼哈顿区的城市天际线为灵感，瓶子以匀称的柱状玻璃外形表现出利落、稳健的品味。被认为具有曼哈顿摩天大楼风格的瓶侧线条，极具现代感，优雅利落，展现永恒现代的经典风貌。

第五大道香水作为一款全新香水，诠释出了纽约第五大道的优雅、华丽、高贵、时尚及活力。这款香水意在表达现代都市女性的自信、智慧、优雅与和谐，至今一直是伊丽莎白·雅顿最成功、最经典，也是在现代时尚和成功女性人群中最脍炙人口的一款香水，经久不衰。

Elizabeth Arden

第五大道香水上市10周年时，伊丽莎白·雅顿公司重新诠释这款畅销多年的香水，并命名为"情归第五大道"。

情归第五大道的瓶身，是在经典的第五大道香水瓶的基础上再加以更大胆的演绎，边缘用暖金色描绘，加上瓶盖边金色铜口造型，让香水瓶更具当代艺术设计感。当时尚成为一种生活态度，都会女子精彩的一天将从黄昏时刻的5点01分开始，而在纽约这个充满无限可能、无限惊奇与冒险的大都会里，每个女子都有属于自己的独特的魅力风采、一种恣意的生活态度，让人仿佛徜徉在另一个新的国度。

伊丽莎白·雅顿相信：香水会说话。它可以说出使用者的心情、个性和欲望。香水是情绪的魔法师，挥去负面色彩，增添正向能量。香水的记忆恒久远，无论世事如何变迁，某种香味就只属于某人某时某地。

Elizabeth Arden

每种香水都有自己的气息，正如每名女子都有不同的灵魂。当香气随着体温在空气中缓缓流动、慢慢散发，这一刻，实际是这名女子在向人讲述属于她的美丽。或热烈，或淡泊；或妩媚，或直率；或清新，或浓郁；或纯洁，或性感。这无关其他，只关于梦想、美丽和醉人的芬芳。世上女子有万种风情，而那些穿雅顿香水的女子，更是魅力独具，她们需要真正能匹配她们迷人气质的香水，需要将她们那不可抵挡的诱惑力充分释放和分解，让抽象的魅力，在瞬间栩栩如生。伊丽莎白·雅顿深知这一点。

从典雅的“红门”到风情的“俪人”，从浪漫的“粉漾红门”到性感的“诱惑”，无论你是率真、充满活力的年轻女性，还是自信、独立的现代都会女子，又或者你是神秘高贵、令众人倾倒的魅力焦点，伊丽莎白·雅顿不同属性的香水都能瞬间为女人灵动的风采加分，展现女人多重的迷人样貌。

伊丽莎白·雅顿挑逗香水 >>>

伊丽莎白·雅顿挑逗香水的灵感来自凯瑟琳·泽塔–琼斯，这个惊世绝伦的美丽女子在荧幕上下所散发的那种内外兼修、引人注目的魅力和诱惑，总是令人难以抗拒。以凯瑟琳为代表，现代都会里存在着这样一群出类拔萃的女性，她们自信而迷人，具有一种潜藏的性感诱惑，只要她们愿意，就可以将它释放。这种诱惑的力量，如此扣人心弦，如此强而有力，足以将任何一个男人融化。这样的女人，应该搭配一款能传达她那超乎寻常的性感的香水，于是伊丽莎白·雅顿挑逗香水由此诞生。

唤醒感官的前调融合了异国情趣的蔷薇果，以及睡莲和姜百合。激化情感的中调由魅惑的午夜兰花、异国情调的木瓜花和香粉鸢尾组成。释放欲望和性感的后调从充满现代感的迷人花香逐渐过渡到由世界顶级香料白沙、红琥珀和桧木所散发的温暖香调中。

这全部的奇妙气息，装在一个具有绝妙整体拱形的小瓶中，创作灵感来自优美的女性背部曲线，深具诱惑。如此杰作，连凯瑟琳·泽塔-琼斯本人都不禁称赞："这款香水是性感和魅惑的，我喜爱我们的新香水所带来的反应。"

伊丽莎白·雅顿绿茶香水 >>>

雅顿绿茶香水是为表达都市女性自信、现代以及智慧优雅的一面而设计的，至今仍是伊丽莎白·雅顿最成功并且最脍炙人口的经典香水之一。

雅顿绿茶香水在亚洲市场大获成功。全新概念的清新香调，淡雅脱俗，采用"茶浴"的概念灵感，散发淡淡的知性及高雅气息，宛若雨后清晨般令人神清气爽，心旷神怡。

雅顿绿茶融合了绿茶特有的清爽味道及明朗的地中海香味，前调散发新鲜

悦人的芳香，含有柠檬、佛手柑与葛缕子；中调散发振奋心灵的芳香，含有薄荷茉莉与康乃馨；后调散发温暖心灵的芳香，含有琥珀、麝香与橡树苔。这清新的花香调蕴涵于淡绿色的清爽液体，容纳于绿茶叶片覆盖的透明玻璃瓶中，一切都简单自然，清新迷人。

清新淡雅的雅顿绿茶香水可以送给那些拥有清纯脱俗、淡泊宁静气质的女性，让她们得以在纷扰的人群之中，如同一朵纯洁的百合一般，高雅绽放。

伊丽莎白·雅顿红门香水 >>>

伊丽莎白·雅顿红门香水于 1989 年推出，属于伊丽莎白·雅顿产品中最畅销的品种之一，尤其受到美国女士的喜爱。

红门香水的识别标志形如其名，香水瓶体如同一扇带有红色拱形门楣的神秘之门，设计灵感来自雅顿夫人在纽约第五大道上开创的“红门沙龙”及其红门背后隐藏着的美丽世界。红门香水的特点在于它浓郁的花香能赋予开朗自信的成熟女性一种充满活力而又泰然自若的优雅风范，富于进取却不乏浪漫的双重风格。适合聪慧、自信的成熟女性在比较正式但并非庄重的场合使用。

红门香水主香调为具有现代风韵的花香。红门香水含依兰、橙花、兰花、百合等数种高贵的花香，并将花香与女性的优雅风华发挥到极致，完美衬托出女人华贵性感与独具品位的优雅气质。

雅诗兰黛

奢华护肤的倡导者

雅诗兰黛将“极致奢华”的品位演绎得淋漓尽致。它代表的已不仅仅是一个顶级的化妆品牌，更代表着一段历史、一种传统、一套美学标准，甚至是享受的艺术。

创始人
雅诗·兰黛
创始时间
1964 年
创始地
美国·纽约

价值连城的钻石、动辄百万的高级订制成衣、浓郁神秘的香水，成就了只属于女人的密语。然而在繁花似锦的喧嚣背后，聪明的女人却更愿为善待娇嫩的肌肤而一掷万金。

女人的梦想，从来都是被惊世骇俗的先驱者所打动。追溯优雅奢华的历史，人们惊喜地发现，正是全球知名化妆品品牌雅诗兰黛开创了“奢侈护肤品”的新纪元。1958 年，在那个最昂贵的护肤品价格也仅为 10 美元的年代，雅诗兰黛旗下最为著名的双重滋养白金级尊致宠肤日霜、晚霜在首次推出之时就高达 115 美元，轰动了整个业界，也顷刻成为全世界渴望用最好方式来呵护肌肤的女性的至爱。为此雅诗兰黛成为了当之无愧的“奢侈护肤品鼻祖”。

是怎样的天价面霜要价值 115 美元？答案是永远不计成本地产品研

发！为搜寻全球先进的科技，不惜一切代价；为采珍稀成分之长，足迹遍布地球所有角落，以确保所选原料稀世与上乘。如今，“采用珍稀成分和先进科技”依然被雅诗兰黛奉为经典信条。

雅诗兰黛的品牌同样一直传承着创始人雅诗·兰黛夫人确立的独特风格，蕴涵着8种美的精髓：传统、品质、创新、时尚、多样性、智慧、宽容、责任。“好”、“更好”及“最好”之间永远有品质上的细微差异，真正叫人口服心服的，正是雅诗兰黛对品质永不妥协的执著。他们的目标始终是“只有最好”，这正是奢华护肤的精准内涵。

雅诗·兰黛夫人曾经说过：“世上没有丑女人，只有不关心或者不相信自己魅力的女人。你只有一张脸孔，请用心呵护它。”这种理念不仅超越了她所处的时代，更超越了她自己。20世纪中叶，她就鼓励女性“善待并娇宠自己的肌肤”，提出了至今仍令人赞叹的“奢华护肤”理念；她所倡导的化妆风格及护肤方式已成为女性美容的典范；她更引导了一种截然不同的品位——极致的奢华。因为再美的华服也不可能天天穿着，再昂贵的珠宝也无法日日佩戴，只有精致完美的肌肤才是女人永不离身的爱。因此女性花在肌肤上的投资是绝对必要的。

在这种理念的影响下，她的美容保养名言被世界各地的女人奉为经典座右铭，使用雅诗兰黛产品被认为是顶极生活的象征，连世界著名的演艺女星妮可·基德曼、布兰妮等人都坚持用雅诗兰黛最顶级的面霜护理全身……

雅诗兰黛融合了艺术灵感和完美工艺，把人性里最温暖的情、最真挚的爱、最美好的希望一一点燃。它给人的感觉，就像电影的背景音乐一样，烘托出每个女人美丽而炫目的人生。它也能呼应着你的心情，使你的人生更多姿多彩。它变化万千、神秘莫测的用后体验令产品一如艺术品，每每给不同的人，在不同的时间、场合与情绪中带来特别的感受。

雅诗·兰黛这位风华绝代的美容皇后，用自己全部的生命历程，成就了一个美丽传奇，更缔造了一个商业帝国。美国梦所涵盖的自由平等的底蕴，在雅诗·兰黛的人生故事中流转。在1998年《时代》周刊评选的20世纪20位最具影响力的商业天才中，雅诗·兰黛为唯一的女性。

作为全球首屈一指的化妆品及香水品牌，雅诗兰黛由雅诗·兰黛夫人和她的先生于1946年在美国纽约创立。雅诗·兰黛夫人运用她对生活品位和时尚的敏锐触觉，经过几十年的不懈努力，终于使之成为美国最大的化妆品集团以及世界第一的高档化妆品公司，将美丽及时尚融入女性所向往的生活环境中。

作为品牌的名字，雅诗兰黛有好多种解释。比较流行的说法是：一开始雅诗·兰黛夫人被家人叫做“艾斯蒂”，而填写出生证明的那位先生把它错拼成了“艾瑟尔”。等到雅诗·兰黛读书的时候，她的老师希望让这个名字多一些浪漫色彩，所以融合了法语的特点给她起名为“雅诗”。而雅诗·兰黛的姓氏“兰黛”则来自她的奥地利丈夫约瑟夫·劳德，两人结婚10年后就把这个姓氏的拼写作了一番改动，让它回到了奥地利语的原貌——兰黛。就这样，“雅诗兰黛”诞生了。

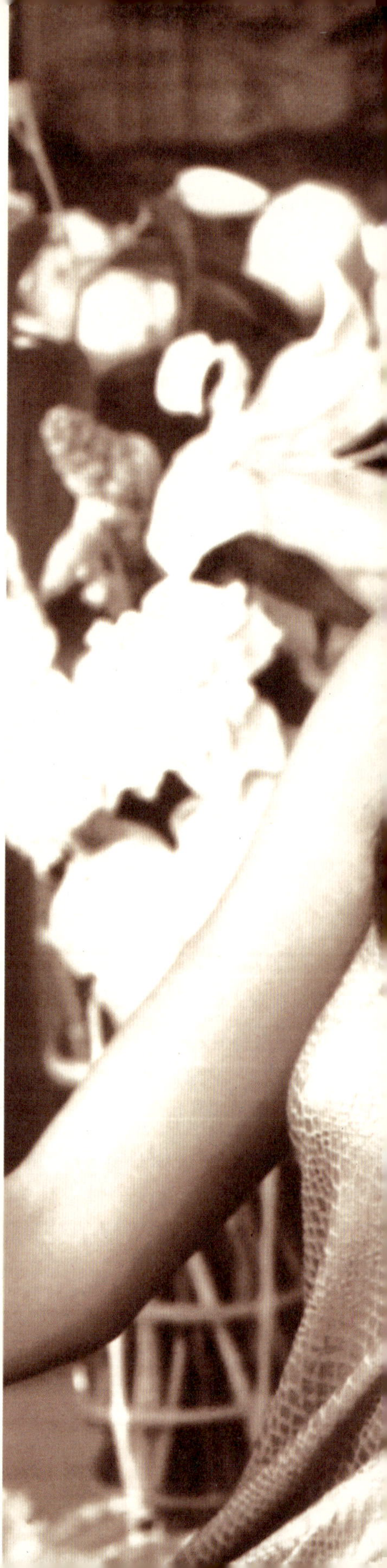

ESTÉE LAUDER
Advanced Night Repair
ESTÉE LAUDER
Advanced Night Repair
Protective Recovery Complex
Protecteur et accélérateur de réparation cellulaire
ESTÉE LAUDER
Advanced Night Repair Concentrate
ESTÉE LAUDER

雅诗兰黛精华露中添加了许多珍贵成分。尤其值得一提的是，它首次采用了汉方中的成分——黄芪，提取其中的精华，补中益气，帮助肌肤提升能量。珍贵成分经过充分吸收，使肌肤表面形成了“白金级”防护面纱，极尽细心呵护。人们尽可以在感受肌肤奢华魅力的同时惊叹它带来的前所未有的改变。

当人们用着全球著名的奢侈化妆品雅诗兰黛，谈着高雅的时尚资讯的时候，从来都不会把雅诗兰黛的品牌创始人，一个喜欢处处迎接挑战的富有传奇性的女人忘记。没有资金，没有营销经历，没有护肤或美容的特长，雅诗·兰黛仅仅凭借一个梦想，从一无所有直到成为世界上最富有的妇女之一，建立了雅诗兰黛化妆品王国。她的工厂制造的美容产品行销到世界各地，整个公司净资产达 52 亿美元。

人们不再忽视那个贫民区中的美丽女孩和她的梦想，因为她已经成为上流社会的一员，和电影明星、传媒巨头密切交往，有幸同总统贵族们共赴宴会，还拥有许多显贵朋友，像南希·里根、温莎公爵及夫人、莱格丝公主等。然而，当初当 31 岁的雅诗·兰黛离异后带着 6 岁的儿子在美丽的迈哈密海滩兜售化妆品的时候，对未来充满罗曼蒂克幻想的她仅仅只是希望能够遇到一个能把她带入豪门的白马王子。

梦想的破灭、与前夫的复合，让这位有着美丽容貌的犹太后裔最终选择了向妇女出售美丽的高雅职业。在自家厨房里，借助化学剂师叔叔调配出来的面霜，5 万美元的创业资本，雅诗·兰黛开始了美容事业的起点。这位外表美丽纤弱的女子，在创业之初，曾为自己立下“每天至少接触 50 张脸”的工作量底线，她把自家产品带到美容院，给那些闲坐着等头发吹干的女人们作免费演示；在人流熙熙攘攘的大街上，说服经过身边的女人，尝试自己的巧手护理。已故好莱坞明星、摩纳哥王妃格雷斯·凯莉曾说：“我和她（兰黛）并不太熟，但她老是送这些东西来。”王妃后来成了雅诗·兰黛的朋友。

事实上，雅诗·兰黛夫人最著名的一句话是：“我生命中工作的每一天无不是在推销，假如我相信一样东西，我就不遗余力地推销它。”她不仅对时尚趋势有着敏锐的洞察力，而且在生意场上也是营销高手。她在化妆品推销上有两大创举：一是免费派发小包试用装，因为她相信“好产品会为自己说话”；另一个是购买产品的时候，顾客可以获得同一品牌的赠品。这些创举在今天已经成为化妆品营销的经典手段。

雅诗·兰黛锲而不舍的说服能力，在 1948 年为她赢得进驻美国最高级的萨克斯第五大道百货公司的资格。雅诗兰黛的品牌，从这一年开始，赢得了高端美容用品领地的立足点。回望自己传奇的生命历程，雅诗·兰黛在 1985 年的自传中说：“经商仿佛一出戏，只有到最后才能证明这出戏是否完美。”或许，对雅诗·兰黛而言，奋斗的一生、成功的辉煌也是一场戏，她是女主角，正以奥斯卡奖得主的风范为人们做精彩的表演。

ESTĒE LAUDER

每一个成功的化妆品品牌，都有着令人不可思议的极致产品，它让你想起一寸光阴一寸金的故事，为之倾囊相购，只为让时光不再溜走，让容颜永驻。雅诗兰黛双重滋养白金级系列产品的奢华，是一种慧于心、形于外的光芒，非但令人沉醉于它的极致尊宠，更令人的肌肤日臻唯美。

奢侈品仿佛一个形态美丽、味道诱人的苹果：如果人们一旦尝过了这个“苹果”的滋味，再想不吃它恐怕就异常困难。“苹果”的滋味究竟怎样呢？在你拥有雅诗兰黛双重滋养白金臻致系列产品之前，你也许不会真正了解。

雅诗·兰黛

雅诗兰黛将“极致的享受”包裹在带有金属拉丝效果的银色包装内，将令人心醉的奢华第一时间呈现在人们眼前。当人们揭开它的层层包装，好似白金一般的瓶身和闪动着耀眼光芒的小勺瞬间点亮了双眸，带给你怦然心动的享受。把它放入掌心，慢慢地在肌肤上延展开，就可以感受到它丝绸般的柔滑，感受到它瞬间潜入肌肤的魔力，感受到它沁人心脾的幽香。

秉承雅诗兰黛“奢华护肤”的理念，白金级系列产品融合了来自七大洲的55种名贵珍稀成分：从天然南海珍珠到汉方名贵成分黄芪，从秘鲁罕见的猫爪藤到日本柏树叶，从百草之王白桦茸到精油天后迷迭香……每一种原料在数量和质量上都经过了极其严格的筛选和工序。经过数年不懈的探索和研究，雅诗兰黛终于将这些奢侈而又神奇的成分完美地融合在一起，创造出无与伦比的双重滋养白金级系列产品。

雅诗兰黛双重滋养白金级系列产品的奢华，不仅源于它珍稀的成分，还有一个更深层次的理由，那就是它采用了精湛的制作工艺。

尽管一些护肤品的原材料与之相同，但由于萃取方法、混合方式、生产环境等制作工艺的差异，产品的品质会大相径庭。因为好的成分如果没有好的质地，就根本无法有效地被皮肤吸收。雅诗兰黛研发团队的科学家在经过对皮肤学及应用基因学的深入研究后，才能运用近乎完美的制作工艺，将稀世成分与尖端护肤科技有效地融合在一起，为肌肤带来瞬时滋养的美好享受。

Estēe Lauder

雅诗兰黛双重滋养白金系列

雅诗兰黛双重滋养白金级臻致产品是白金级系列产品中最奢华和珍贵的产品，它不仅仅是一个护肤系列，更是一种生活品质的代表，选择并使用它就是选择了一种生活态度，这种生活态度，堪称为享受的艺术。该系列包括：双重滋养白金级臻致精华露、臻致凝霜和臻致眼霜三种产品。

价　格：

双重滋养白金级臻致精华露　2100元／30ml

双重滋养白金级臻致凝霜　2500元／50ml

双重滋养白金级臻致眼霜　980元／15ml

奢华，首先是非常个人化、感官化的感受，它必定能令人身心愉悦，也值得人用心去品味个中滋味。享受这种奢华需要足够的智慧和理性的认识。雅诗兰黛作为全球最受人推崇的化妆品品牌之一，以及奢华护肤的典范，每一款雅诗兰黛产品，都源于一个至美初衷。

雅诗兰黛鲜活营养精华水 >>>

雅诗兰黛鲜活营养精华水俗称石榴水，采用源自远古波斯流传至今的红石榴果为主要原料。红石榴果，世界上最古老的水果之一，被奉为神奇的自然水果。红石榴果饱含精华元素，其丰沛能量远远超过其他水果。这一精华水蕴藏多重维生素、矿物质、强效抗氧化成分，可以为肌肤过滤毒素，注入源源不断的鲜活能量。如鸡尾酒般的强效抗氧化成分，能促进细胞新陈代谢，补足能源。

雅诗兰黛鲜活营养精华水宛如一座能量聚集中心，当这份纯天然精华水吻上脸庞，肌肤就好像喝饱了鲜榨维生素水，会将暗沉、疲惫一扫而尽，使肌肤由内而外透出光彩，充满美丽生机。

ESTĒE LAUDER
Nutritious
Vita-Mineral
Energy Lotion
Soin énergisant
vita-minéral

雅诗兰黛特润眼部精华 >>

雅诗兰黛特润系列，内含果酸，无疑是雅诗兰黛最为经典和大牌的护肤系列了。自推出 20 多年来，一直保持经典的琥珀色玻璃瓶包装，创下全球每 10 秒销售出一瓶的佳绩。这系列产品的那句“如果你 16 年前已经用上了特润系列，那么 16 年后的今天，你

的皮肤依然和16年前一样细腻娇嫩”的广告语深入人心。

雅诗兰黛特润眼部精华富含抗氧化物和脂质成分，巩固肌肤的天然滋润保护膜；它所具有的强效保湿屏障，能增进肌肤对外部环境侵害的抵御能力，有效对抗紫外线入侵；丰盈的水分补给，令肌肤始终保持柔滑水嫩；同时促进眼部胶原蛋白的分泌，平抚细纹和皱纹。全天然的萃取精华更能有效消退眼袋，减淡黑眼圈。

雅诗兰黛金沙水蓝限量版彩妆 >>

时尚大师汤姆·福特说过，“这是专为喜爱旅行，想去性感又遥远沙滩旅行的女性设计的彩妆”。想象自己和广告片中的模特一样，在地中海最美的海岸，慵懒地在白色的沙滩上享受暖暖的日光浴，让自己全身心地投入蓝天碧海的拥抱中……

这款限量版彩妆，包括金沙水蓝亮肤粉底乳、金沙水蓝双色眼影、金沙水蓝腮红膏和金沙水蓝唇膏，全都由时尚大师汤姆·福特亲自设计。他将海洋透彻的蔚蓝色调作为包装的主色调，用雅诗兰黛经典的金色点缀，代表品牌的“EL”标志被印刻在产品上，令每件金沙水蓝彩妆都如同一件艺术品——时尚、性感，又不失奢华。

sisley
sisley
源自名门的美丽传奇
希思黎

希思黎，这个代表着绝对尊贵、优雅的美丽名字，多年来始终特立独行，让女人在享受高品质的同时拥有大气低调的贵族气质，它带给人们的感受是如此完美而独一无二。

sisley

在皇宫幽深寂静的花园中，贵族们一直热衷于收藏奇花异草，那些盛开的奇花也像贵族般高贵。人们常把希思黎形容为皇宫花园里的玫瑰，因为那是贵族的专享，更是因为它令人汗颜的价格，以及30朵花提炼一滴植物精油的品质，这一切无不突显了它蕴藏的奢华之美。

希思黎实际上确实拥有贵族的血统，它由法国贵族后裔修伯特·多纳诺伯爵与具有波兰皇族血统的伯爵夫人伊莎贝尔·多纳诺在1976年创立，汇集了家族两代人丰富的化妆品经验与知识。

几十年来，希思黎一直秉持着先进的科技，坚持实践着植物精华美容的理念，聚集了众多杰出的皮肤学家、植物学家与美容学家共同进行研发。它崇尚天然，以先进技术及专利科技相结合，只选用最精纯的植物精华与精华油。植物精油通常仅占植物本身重量的万分之一到万分之五，光是一滴玫瑰精油就需要消耗30朵精心栽培的玫瑰。在植物来源上也坚持最佳产地及最佳采收时节的严格标准。例如番茄精华采自西伯利亚即将上冻前的番茄叶，人参采用顶级韩国人参，玫瑰花瓣采自保加利亚玫瑰，薰衣草更来自800米高山以上。所有植物萃取都需经测试鉴定确保不含有农药、无污染、不含铅，才可使用。

创始人

修伯特·多纳诺

伊莎贝尔·多纳诺

创始时间

1976年

创始地

法国·巴黎

天然原料要经过专门的提取、分离和测试，以确保最好的品质。希思黎研发新产品就像酿酒，经久而醇厚，讲求安全与成效。为追求优越品质，希思黎从不计较成本与研发时限，坚持新产品一律经过法国最严谨的独立研究中心测试，验证为功效超卓并安全才推向市场，这也是希思黎几年甚至几十年才推出一种新产品的原因。在植物成分的选择上，它务求最高品质：精选对人体皮肤最具效果的植物来研发，再配合专利的独特技术，以调和植物精华与精华油。

希思黎的护肤哲学是借由简便的保养步骤，提升肌肤本身组织的运作功能，以恢复正常状态，并焕发出肌肤原有的美丽，带给肌肤自然、安全、有效的承诺，成为敏感性、过敏性肌肤也可衷心信赖的化妆品。此外，全世界所有希思黎护肤产品均出自法国巴黎工厂，以确保品质的一致性。正因如此严格的自我要求，希思黎的品质有口皆碑，成为欧美上流社会钟爱的贵族化品牌，俘虏了从伊丽莎白女王到法国前总统季斯卡夫人等人的芳心，她们常驻的美丽也印证了崇尚天然、追求植物美容的希思黎的非凡功效。

360年以上的法国贵族历史，长期生活在精致典雅的环境中，汇集家族两代人丰富的化妆品经验与知识……在这样的背景下，多纳诺家族孕育出高品质的植物美容产品——希思黎。

还有哪个化妆品品牌像希思黎那么牛？当美国第一大化妆品集团雅诗兰黛与之商谈合作事宜，希思黎创始人多纳诺伯爵婉转地告诉对方："钱，我已经够多了，我们也不需要贵方的技术支持。"

作为"植物美容学"领域的先驱者和开拓者，久负盛名的奢侈护肤品牌希思黎，多年来凭借自己出类拔萃的品质，绝对的安全性、适用性和完美的功效，早已获得世界各地追求完美生活的人士的广泛赞誉与钟爱，它的追随者和拥护者也早已遍及全球80多个国家。

从没有浮夸的言辞，更没有追踪潮流的外形，在希思黎低调朴实的奢华里，人们能感受到一种与生俱来的对于卓越的执著和坚持……

不管是好莱坞、欧洲，甚至世界各地，很多名流，像欧洲王室、泰国王室，以及许多演艺明星都很推崇希思黎。

在化妆品界，对于希思黎严谨而又保守的家族式经营手法，向来充满了神秘的传闻。多纳诺伯爵的父亲在1935年创造了"兰蔻"品牌。1954年，他的父亲又与其叔伯米谢尔开创了"幽兰"品牌。后来，多纳诺和爱妻建立了"希思黎"——化妆品界最后一个家族性王国。

1976年的欧洲，当时的人们还没有任何关于植物疗法和精油疗法的概念，修伯特·多纳诺伯爵很早就发现植物学具有相当可观的研究应用价值：目前已发现世界上大约有80万种不同种类的植物，然而人类真正了解的仅占10%，且只有几百种可用于美容护肤品之中。

作为一个高瞻远瞩、勇于创新的开拓者，修伯特·多纳诺伯爵经过大量研究，率先提出将植物成分和精油运用在美容产品中的理念，这在当时的欧洲大陆的确是非常大胆创新的想法。正是基于"植物美容学"的概念，修伯特·多纳诺伯爵创立了希思黎，且坚持所有产品均遵循严格的选料标准，并以根据精确、科学的方法萃取的植物精华与植物精油作为主要成分，并配以独特配方，在化妆品业极端迷恋生化科技的当时，产生了不小的轰动效应。

希思黎的低调是出了名的。较之全球四大化妆品集团，它的广告投放策略谨慎保守了许多。为了避免代言人因绯闻影响品牌的高贵形象，希思黎以家族的长女伊丽莎白做形象代言人。

sisley

希思黎品牌的创始人——修伯特·多纳诺伯爵，既是高瞻远瞩的品牌创始人，又是一位大胆、有魄力的投资人。他秉持“品质、创新、合作精神”的核心价值理念，成功执掌希思黎品牌整整 30 年。正是凭借着他在化妆品领域的专业经验、经营管理才能和敏锐的判断力，才使希思黎品牌在奢侈品和化妆品领域独树一帜……

作为品牌的创始人之一，修伯特·多纳诺的妻子伊莎贝尔·多纳诺伯爵夫人，现在担任公司的副总裁，同时主要负责品牌创新及沟通交流方面的重要事务。这位始终保持优雅美丽的伯爵夫人，十分了解不同植物成分对于美容护肤的不同功效。希思黎的每一款产品都能满足不同肌肤的实际需求，它卓越品质的一个重要保证来自于按照严格标准精选的植物成分。经过精选和调配的植物配方可有效帮助解决一系列肌肤问题，并促使肌肤焕发明亮动人光彩，还可帮助抵御岁月侵蚀留下的斑驳痕迹……

伯爵夫妇的两个子女与他们的父母一样，同样继承了对希思黎卓越品质的执著精神，他们多年来专注于化妆品事业，不断开创佳绩。这个沉醉于化妆品事业的家族，始终在为希思黎的未来发展而不懈地努力着……

希思黎凭借着家族历史背景、产品的植物成分及贵族级品牌定位，让自己始终在奢侈品和化妆品领域独树一帜……从 1990 到 1999 年间，全球业绩达到 4.5 倍的高成长率。在美国，希思黎在纽约最高档的萨克斯第五大道百货公司销量排行位列冠军。在韩国，希思黎也几乎囊括了各大百货公司的第一至第三的化妆品销量排名。

sisley
PARIS
sisley
PARIS
sisley
sisley
sisley
sisley

人们对美丽从来都有着无尽的追求，随着亲近自然与关爱自己的人文理念升温，越来越多的人愿意使用高品质的化妆品珍爱自己。希思黎品牌大气低调的理念恰恰迎合了这种回归自然的趋势。

女人的外表需要美丽、需要修饰，希思黎就是为女人之美增添艳丽的画笔。希思黎公司一贯坚持“以优质尊贵的产品，献给讲究的人士”的理念，尤其信奉以不计成本的代价和研发时限换取美丽的原则。

希思黎全能乳液是希思黎的经典之作，自 1980 年问世，在希思黎的完美世界中，它是无可取代的不朽经典。全能乳液采用植物精华配合高科技研制而成，首创“提供肌肤多种养分，增加肌肤抵抗力”的新概念，并很快从无数经典护肤品中脱颖而出，成为时至今日依然经久不衰、风靡全球的保养品。

全能乳液是一款全方位、多功能为肌肤提供生命能量之源的完美乳液，不仅适合所有肌肤类型，而且其中富含的 10 多种珍贵的植物萃取精华，宛如肌肤的“综合维生素”，可源源不断地为肌肤提供每日能量所需——保湿、滋润、紧致、增强肌肤抵抗力，强力防御外界污染和侵害，并帮助预防肌肤老化，还可促进肌肤对其他保养品的吸收能力。

正是源于希思黎多年来始终坚持的“卓越品质”的品牌理念，以及为追求卓越品质而从不计研发成本与研发时限的完美追求，全能乳液从诞生起便成为希思黎的经典殿堂级保养极品。它是希思黎第一款护肤产品，当年希思黎公司力排众议，以独到的眼光预见到高档护肤产品必将在市场上占有一席之地，果断地以让世界惊讶的价格推出全能乳液，这充分显示了希思黎作为顶级品牌的不凡气魄，以及对这款乳液的强烈信心。果然，自从上市以来，希思黎全能乳液就成为社交名媛、豪门贵妇的最爱之选。

全能乳液具有独一无二的配方，融合多种极为珍贵的植物萃取精华，如人参、积雪草、马尾草、蛇麻草、迷迭香等，并按照精确完美的比例进行调配，可以全方位满足肌肤健康的所有需求，并全面增强肌肤自身的免疫力和抵抗力，帮助胶原蛋白形成，促进肌肤新陈代谢，保持肌肤健康活力。

全能乳液更可以全方位为肌肤提供生命能量所需，实现肌肤的全面保湿、滋养、紧致、弹性、修护、抗污染、抗老化等，同时从基础上彻底改善肌肤的整体素质，并时时补充肌肤能量，平衡肌肤状态，提升整体健康活力。

全能乳液的质地细致、柔滑，可迅速被肌肤吸收，即时享受极为舒适的用后感受。多元植物精华能量可迅速渗透肌肤底层，令肌肤更显柔润、细致，更具弹性，可显著赋活肌肤，重拾健康美丽光彩。适合任何年龄、任何肌肤的全能乳液，作为每日肌肤基本呵护的重要能量之源，问世以来，成为护肤不可或缺的超凡经典之作。

SISLEY　希思黎全能乳液

希思黎全能乳液推出时便每瓶售价300多美元。很多人认为卖不出去，但在纽约推出第一个星期就销售出2000瓶，如今已经累计在全球销售超过了100万瓶，是全球第一款获得巨大成功的“豪华护肤品”。至今依然作为全球销售前三名的经典乳液而深入人心。

积雪草——促进胶原蛋白形成，帮助组织愈合及紧致肌肤

人参——提高肌肤免疫力及抵抗力，防止外部环境对肌肤的伤害

马尾草——修复矿物质，紧致肌肤组织

蛇麻草——促进新陈代谢，具有舒缓、镇定功效

迷迭香——帮助去除因刺激而产生的废物，具有舒缓镇定功效

价格：1380元/125ml

希思黎的成功并非偶然，自有它非凡的成功哲学，不仅仅因为它有着独特的家族背景和领先的科技研发背景，更重要的是希思黎对于卓越品质的始终如一的坚持和执著……

作为植物美容学的先驱和权威，希思黎不计时间与成本，研发了抗老化的全方位植物护肤产品——植物驻颜系列。希思黎运用植物科技，将植物香精油和植物萃取活性成分有效地结合在一起，从而激发肌肤自身的新陈代谢，减轻肌肤因荷尔蒙不足导致的老化现象，协助对抗压力、污染等外因对肌肤造成的不良影响。植物驻颜抗皱系列已成为希思黎全线产品中最值得骄傲的高效用全球性抗老化护肤品，可以全方位预防、抵御肌肤老化现象，让人守住年龄的秘密。

希思黎抗皱活肤驻颜霜 >>

希思黎抗皱活肤驻颜霜能帮助赋活、再生、重建肌肤。

这款驻颜霜曾荣获日文版《嘉人》杂志红妆大奖最佳脸部保养品，特别含有“植物类荷尔蒙提取物”，可以提高细胞的接受能力，活化细胞，是一款权威的脸部护肤驻颜产品。

希思黎抗皱活肤眼唇霜 >>>

含多种植物精华及多种维生素，提供眼唇部全方位的保护，强效的抗老化功能使它在希思黎产品销量排名上始终领先，在全球获得了大量消费者的青睐。

希思黎抗皱活肤精华乳 >>>

作为一款再生、重组肌肤细胞的密集保养产品，它能高度有效地触发肌肤自然新陈代谢及年轻肌肤自反应的能力，令肌肤即刻光彩可见，宛若新生，是植物美容科学的新突破，获得了《美容》杂志大奖评审团皮肤医学专家们的首肯。

曾数度入选世界“最佳服装仕女”奖，并活跃于法国社交界的名媛多纳诺伯爵夫人以她典雅的品位、精致的美学思想，为希思黎设计了洗练简洁的包装，再次呼应了希思黎化妆品历久不衰而弥足珍贵的美丽承诺。

HR HELENA RUBINSTEIN

赫莲娜

高贵与奢豪的极致梦想

赫莲娜的创始者说：“我用尽毕生精力去建筑一所对抗时间的壁垒。”因为神奇的驻颜效果，赫莲娜让女人被注目，被崇拜，被渴望。无论是价格还是功效，赫莲娜都牢牢地锁定了最上层最华贵的极少数，它一向是女人景仰的对象。

ENA RUBINSTEIN
OLD FUTURE
HR

赫莲娜是气质优雅、一生充满传奇色彩的赫莲娜·鲁宾斯坦女士于20世纪初创立的全球第一个国际性化妆品品牌，也是现代美容行业的奠基品牌之一。它是一个真正属于女性的品牌——由女性创立，服务于女性，并在世界各地由女性管理。

赫莲娜的品牌内涵，可以用“科学、艺术、女性”来概括。简单来说，是指赫莲娜将它在科学上的创见运用于各类的产品开发；以艺术的眼光追求女性的极致之美，并将女性的美以艺术来诠释。从品牌创始人赫莲娜女士自行研发的第一瓶面霜开始，赫莲娜品牌就确立了“以发展科技来成就女性之美”的品牌基本精神。正因如此，长久以来，在世界各地，赫莲娜都被誉为“美容界的科学先驱”。无论是它在化妆品界的顶级地位，还是它的创始者赫莲娜女士，都在用女人独特的方式向全球宣告着，在属于女人的优秀特质里面，也许“力量”会迟到，但永远不会缺席。

堪称“完美主义者”的赫莲娜，将奢华的风尚引领进肌肤的保养与化妆中，以最新的皮肤医学、整容科技及皮肤研究成果为灵感，在美容效果、产品功效、成分及创作灵感上不断创新，博采众家之长，为那些要求最严谨、最挑剔的女性带来最有效的、可与美容手术效果相媲美的产品。

赫莲娜女士与毕加索等艺术家的深厚友谊以及她对艺术的追求也深刻地融入这个品牌的灵魂中。赫莲娜从未停止从艺术、美学、珠宝及崭新原料中汲取灵感，为那些对美有着至高要求的女性不断提供持续创新的护肤及彩妆配方。

为了不断追求完美，赫莲娜改变了产品的外观设计，由最初的黑与金的奢华搭配，变成了白与金的完美组合，不改其奢华瑰丽的本性，却倍添浓重的优雅气质。从白与金低调奢华的外观设计到内在的尖端科技，赫莲娜选用的都是来自各专业领域内最杰出的专家，就连赫莲娜的店面形象设计，都是由国际顶尖设计大师——安德莉·普特曼来完成的，并提出了“从实验室到化妆间”的全新概念。从设计、研发到推广，赫莲娜都只和天才级的人物合作，以保证赫莲娜产品的品质和品牌的尊崇地位。

我们的使命就是给予那些最为挑剔的女性最为精锐的产品与服务，使她们将自身的美的潜力发挥至极。

——赫莲娜·鲁宾斯坦

一个世纪以来，赫莲娜始终以“超越时代之美”为其品牌精神，赋予美容化妆品以高效、创新与大胆的新理念，尤其自 1985 年欧莱雅集团收购赫莲娜、重组其品牌结构以来，更是依托欧莱雅强大的科技研发能力，成为了一个极具现代感的高雅品牌，从而将世界各地追求独特气

质、使用高品质产品的女性引入魅力新境界。

HELENA RUBINSTEIN

赫莲娜女士用她魔幻般的思维统领美容潮流数十载，她制造出的彩妆被赞叹为“天外飞仙”，她创立了已享誉百年的经典品牌……她的影响力还将不断地持续下去，感染一代又一代爱美的女性。

但凡事业辉煌的成功人士，除了有过人的意志力、勇气、远见、智慧之外，还必须秉持对某一方面的执著精神。作为美容界开一代先河的杰出人物，赫莲娜早在100多年以前，就开始着手贯彻自己对美的想法和理念，在接近一个世纪的生命旅途中，她创造了许多传奇，令后世啧啧称奇、回味不止。

1872年的圣诞夜，赫莲娜·鲁宾斯坦出生在波兰克拉科市的一个犹太家庭里，父母将她看做圣诞老人送来的最好礼物。作为八姐妹中的大姐，赫莲娜很小就明确了自己肩上要承担的责任。

赫莲娜20岁离开祖国波兰，前往澳大利亚。在抵达澳洲两年之后，在墨尔本开了一家化妆品店，销售由当化学家的弟弟在波兰制造、然后由波兰销售到澳洲的护肤面霜。没想到，这种护肤面霜推出之后，相当受欢迎。当赫莲娜开始研制自己的化妆品时，有一种被她称作是“Valaze”的护肤品一直是她的最爱，这是一种能够有效预防风沙侵蚀肌肤的乳液，非常适合澳洲的恶劣天气，这种产品她一生都坚持使用，可见其功效非凡。研制 Valaze 的是她的两位朋友，化学家 Lykusky 兄弟。

在 Valaze 上的大获成功，成为了赫莲娜事业的真正起点。1902 年，赫莲娜在墨尔本开设了一家同样叫做 Valaze 的美容院，尽管只是有着三间小房间的店铺，但却让墨尔本这个远离工业文明的蛮荒之地成为世界上第一个开设美容院的城市。在这间小小的美容院里面，赫莲娜为客人们提供了就当时条件而言已算全面的护理服务，她帮助客人们想办法来对付她们的皱纹，同时她也创造了一个新的职业——美容师。

随着事业的发展，赫莲娜越来越觉得自己在专业知识方面存在欠缺，仅仅依靠一两种产品的火爆销售并不是长久之计，此时赫莲娜已经开始了第一次婚姻，于是在把澳大利亚的生意托付给了妹妹之后，赫莲娜重返欧洲，与夫婿提图斯定居伦敦。在这里她结识了很多知名的皮肤科专家和生物学家，这些人对她日后事业的开拓起到了至关重要的作用。

通过拜访欧洲的皮肤科医师，学习皮肤生理的相关知识，赫莲娜更加坚定了以学理眼光看待护肤美容的决心，并且通过不断的努力，逐渐改变了许多医学界专业人士以往视美容保养为徒劳无功的看法，也确立了赫莲娜的保养品以科技研发为品牌宗旨的目标。

HR
HELENA
RUBINSTEIN

不但成功地在伦敦开设了美容院，赫莲娜还把她的Valaze开到了时尚之都巴黎，同时带去了一套按摩的手法，这即使对于见多识广的巴黎人来说也是非常新奇的。在当时的欧洲人看来，一个女人如果经常享受按摩护理，就一定会具有高贵的气质；而一个掌握了按摩手法的姑娘，也一定更能留住男友的心。

1939年，赫莲娜为爱哭的女士创造了第一支防水睫毛膏，奠定了其彩妆权威的地位。到今天，赫莲娜在开创彩妆潮流时，已不再固守原有的色彩和谐理念。赫莲娜常常采用一些令人瞠目结舌的颜色，如绿色、蓝色、黑色和白色的唇膏。也许正如赫莲娜的理念一样：没有一种颜色是被禁忌的，也没有如出一辙的美丽。

1914年，第一次世界大战爆发，赫莲娜与家人移居纽约，并正式开设赫莲娜·鲁宾斯坦美容院。1916至1918年间，赫莲娜·鲁宾斯坦在美国声名鹊起，美容院业务更扩展至芝加哥及波士顿。

生长在一个世纪以前的保守环境，赫莲娜算得上是相当具有国际观的新时代女性。她的成功，很大程度上归功于她积极求进的性格。她曾经为自己的品牌立下宗旨：要求严格，一丝不苟，为成就女性之美而不断创新。

赫莲娜旺盛的精力和强韧的生命力，让同龄人为之汗颜。生于19世纪末的她，于1967年以95岁的高龄在纽约的家中辞世。据说直到过世之前，她依然亲自指挥业务的发展。事实上，赫莲娜化妆品的日本市场，也是在她过世前3年，由她亲自督军“攻占”的。那个年代的《费加罗报》曾经把她称作“与岁月赛跑的终结者，抗拒丑陋的卫道士”。

赫莲娜的一生写照，其实也正是她的品牌所孜孜不倦追求的现代女子典范。赫莲娜曾经说过，她的目标，是将女性的美，以科技来发展，用艺术来表达。“对我而言，女性追求美，却不热爱艺术，简直是不可能的事。”赫莲娜如此阐述她对美的看法。赫莲娜一生游走各国，拜访最著名的皮肤学家、生物学家和营养学家，以获取有关皮肤及其老化过程的完美知识。她时而潜心于实验室，时而又脱下一袭白衣，戴上奢华的珠宝首饰，转身展现一个优雅华贵的女性形象。她教导女性不断追求完美，张扬个性，发掘自身的艺术感觉。

1988年，因后辈在经营策略上的问题，赫莲娜公司被欧莱雅集团并购。值得庆幸的是并购之后，欧莱雅仍以赫莲娜生前所崇尚的“科学”与“艺术”作为品牌的两大特色，并且锁定如同赫莲娜般知性、优雅、有品位的女性，作为品牌的目标消费群。赫莲娜所有的产品，以及专柜的布置，都以如同大理石材般的质感，取代多数化妆品品牌所崇尚的华丽装修，目的就在彰显赫莲娜的优雅内敛特质。

美是她的职业，艺术是她的激情，科学是她的哲学，集三者于一身的赫莲娜是当之无愧的美容第一夫人。她以自己的名字创立了同名化妆品品牌，并将之带到全世界。

作为当代美容领域的奠基品牌，赫莲娜始终引领着美容行业的未来潮流趋势，最值得称道的是赫莲娜凭借极致之美菁华系列的推出，第一次将“肌肤生命进程管理系统”的概念展现在世人面前。

HR HELENA RUBINSTEIN

随着赫莲娜的极致之美菁华洁面产品和美容液的上市，整个极致之美系列的全部产品已经面市，完整的系列产品使肌肤的全面护养达到最为理想的效果，令每一位女子都能容颜依旧、终生美丽。

一向尊重科学并依托于尖端科技的赫莲娜，从其对肌肤深入而持久的研究中明确了时间与肌肤老化的关系。人到了25岁以后，肌肤告别了自然生命进程的巅峰时刻，从此便沿着一条下行的曲线进入生命进程中的另一篇章，人们从肌肤表面所能看到的就是那些称之为老化的痕迹。这条下行曲线会因为个体的不同或是外界环境的不同而呈现不同的趋势，赫莲娜的科学家们得出了一个有效延缓肌肤衰老的理论：当外界的影响逆向肌肤衰老的方向作用，即从外界设法采取一定手段达到部分抵消导致肌肤老化根本原因的目的，同时为肌肤补充能量，使之能够更为持久地抵抗外界促老化因素的影响，肌肤的老化速度就可以相对正常情况而减缓。从此，建立“肌肤生命进程管理系统”，全面抵御肌肤老化的艰难课题在赫莲娜实验室展开了。

赫莲娜指出，肌肤的老化现象以及其内在的实质可以从五大方面表述：

1. 皱纹——细胞更新速度减缓，使得细纹和皱纹产生。

2. 松弛——胶原蛋白和弹性蛋白纤维萎缩退化，令肌肤缺乏弹性，失去紧致感。

3. 晦暗——肌肤微循环系统功能降低，肌肤失去原有光泽。

4. 色斑——麦拉宁色素失去控制，产生不规则色素沉淀。

5. 缺水——皮脂合成减少，导致肌肤滋润度降低。

经过七年的研究，赫莲娜极致之美菁华系列终于横空出世。它集合了针对解决这五大问题的多种珍贵精华成分，并将其通过先端科技完美配比，因此真正实现了改变肌肤生命进程、全面抵御肌肤老化的目的。这些精华成分被包裹在赫莲娜独有的 Bio-Sap 植物精华微囊中，通过“双重网络编织科技”传输至肌肤深层，并稳定而持久地释放出来，从而实现了肌肤恒久平滑，紧实，光彩，匀净，润泽。

Helena Rubinstein
赫莲娜极致之美菁华系列

一直以来，赫莲娜孜孜不倦地寻找那些对抵御肌肤老化最为有效的珍贵精华成分，并应用品牌的顶极高科技手段，进行了无数次的艰苦试验，终于得到了一个完美的配方，这就是为整个美容业界所广为传颂的赫莲娜极致之美菁华系列。它是目前最有效的抗衰老产品，包含了眼霜、美容液、洁面、精华乳液、面霜五大产品。赫莲娜极致之美菁华系列是赫莲娜创新精神的完美延伸，它诠释了一种全新概念的“奢华”，一种有赖化妆品尖端科技实现的更加有效、更加含蓄细腻的“奢华”。

价　格：

赫莲娜极致之美菁华眼霜　980 元 / 15ml

赫莲娜极致之美菁华美容液　980 元 / 125ml

赫莲娜极致之美菁华洁面乳　650 元 / 150ml

赫莲娜极致之美精华乳液　1980 元 / 30ml

赫莲娜极致之美菁华霜　1880 元 / 50mll

倡导流行的赫莲娜将奢华的风尚引入肌肤的保养中。其中蕴涵的科技成分，不仅引导着化妆品界前进的方向，同时也成就着女性对美的无限追求。

HR HELENA RUBINSTEIN

不论是融会最先进的医学、整形外科科技的突破性护肤产品，体现独特护肤理念的“个性化护肤方案”，或是凝结卓越科技成果、高贵包装、丰润质感和新颖创意于一身的彩妆，即使最挑剔的女人也会对赫莲娜情有独钟。

赫莲娜维生素C精华素 >>>

走高端路线的赫莲娜化妆品，曾在1997年掀起一股热潮，将维生素C的精致成分，以安瓶式密封包装，成为护肤品界的一大突破，并成为赫莲娜旗下在全球最畅销的保养品。

这款独特的维生素C精华素创造性地运用赫莲娜世界专利——C3缓释科技，三重维生素C（精纯维生素C、维生素C磷酸镁、维生素C配糖体）能够12小时持续发挥作用。当肌肤状况不好，或无论怎样休息也无法光彩照人时，就可将一滴精纯的维生素C精华素涂在脸上。使用一日后肤色就会明亮起来。

赫莲娜胶原蛋白弹力眼霜 >>>

在王子的爱情童话里，美丽的公主让人羡慕与向往，令人期待的永远是惊人的美。当拥有皇后的荣耀之后，纵然一个眼神，也必定要光华万丈，无法想象一双疲惫的眼睛如何能再次释放神采奕奕的动人魅力。

幸运的是眼角眉梢的幼纹在赫莲娜胶原蛋白弹力眼霜的魔力面前，会很容易地被化解。曾荣膺COS-MO2003年度美容大奖的赫莲娜胶原蛋白弹力眼霜，可以即时平滑眼周肌肤、瞬间淡化细纹幼纹，长期使用能从内而外紧实眼部肌肤。

这款眼霜曾带给女人无数的惊喜。所谓抚平幼纹的“弹力”秘密是蕴涵在赫莲娜胶原蛋白弹力眼霜中的大豆与酵母精华，它能促进细胞自身合成胶原蛋白，让眼部肌肤由内而外达到紧实效果；独特的聚合纤维物，更能在纤薄的眼周肌肤表层形成轻盈的网状物质，再次巩固紧实效果。当疲惫不堪的眼部肌肤，遇到胶原蛋白弹力眼霜的芬芳乳霜时，轻盈的质地宛如一缕清泉，会让眼眸瞬间重现皇后般的辉煌神采。

赫莲娜烁金焕颜霜 >>>

赫莲娜2006年又一巅峰之作。金，因其具有最为恒久而稳定的能量，成为用以对抗肌肤氧化的最佳选择。然而，正是因为它的特性，使得驾驭这种神奇的能量成为一个几乎难以实现的美丽梦想。赫莲娜成功驾驭纯金能量，得到具有突破性意义的纳米微化活性金。它是一种能真正融入到肌肤中的特殊形态的金，比单个细胞还要小得多得多，能够自由穿梭于肌肤细胞之间，瓦解自由基对肌肤细胞的攻击。由此，纯金神奇地转化成能被肌肤吸收与转化利用的形式，集于这款奢华珍贵的面霜之中，并通过强效抗氧化力提升肌肤的能量储备，激活肌肤自身免疫力，由内而外、从源头防御肌肤老化。

HELENA RUBINSTEIN
GOLD FUTURE

Christian Dior 克里斯汀·迪奥

奢侈与华美的最佳典范

浪漫、狂野、激情、性感、高傲、冷酷等形容词不足以表达人们对迪奥的感受。迪奥是法国风格的化身，浓缩了女人所有流光溢彩的幻想。迪奥流转的是让人无法抵挡的魅惑风情，除了迪奥，没有什么能让女人如此一见倾心。

创始人
克里斯汀·迪奥
创始时间
1946年
创始地
法国·巴黎

迪奥特别邀请顶尖设计团队为迪奥男性保养DERMO SYSTEM系列设计瓶身。黑白交错的协调比例，采用玻璃与钢铁材质打造，显现迪奥男性互补与多层次的时尚风貌，此设计理念与迪奥男性时尚专柜如出一辙，也唯有如此高规格的时尚手笔，才能突显出迪奥男性利落与高雅的迷人之处。

提起克里斯汀·迪奥，人们在脑海中浮现其著名的黑白千鸟格图案的同时，也会想起出现在很多服装书里的，那张早已成为经典的黑白照片中那名站在塞纳河畔人行步道边缘的女子……

迪奥的名字“Dior”在法语中是“上帝”和“金子”的组合。以他的名字命名的品牌克里斯汀·迪奥（简称迪奥、CD），自1947年创始以来，一直是华丽与高雅的代名词。它继承了法国高级女装的传统，始终保持着高级华丽的设计路线，迎合上流社会成熟女性的审美品味，象征着法国时装文化的最高精神。几十年来，迪奥一直引领着世界的流行时尚，将女性独特的魅力表现得淋漓尽致。它让黑色成为了一种流行的颜色。人们开始相信一个高雅女人一天该换四套不同的衣裳，而时装因此几乎成为了人们的第二肌肤。迪奥设计的衣裳永远是时装，永远存在着价值。他所设计的晚装豪华、奢侈，在传说和创意、古典和现代、硬朗和柔情中寻求统一。在迪奥每一次的时装展中，晚礼服系列总是让人们屏息凝神，惊诧不已。

以做高级时装起家的迪奥品牌，自 1947 年首次推出香水迪奥小姐之后，已经全面进军美容领域。不论是时装、化妆品或是其他产品，迪奥在时尚殿堂一直雄踞顶端。完美结合成熟与稚嫩，是迪奥不变的主张。如今，迪奥更是时尚和创新的代表之一。

细细品味，迪奥就像初放的出水芙蓉和刚出浴的美少女，有一种细腻的高贵，让人欲罢不能。尤其是迪奥的化妆品系列更结合了创新发明与尖端科技，拥有国际一流的实验研究中心，所有产品从实验室到销售专柜都经过严格的品质监控。

ChristianDior

克里斯汀·迪奥不但使巴黎在第二次世界大战后恢复了时尚中心的地位，还一手栽培了两位知名的设计大师——皮尔·卡丹、伊夫·圣罗兰。时至今日，迪奥这个品牌仍是人们信赖追求的，无论是服装、皮具还是化妆品、香水。

1947 年的欧洲俨然太平盛世。

有弹痕废墟，也有孤儿寡母，但那些象征着彻骨伤痛的记号，人人都想尽方法做到视而不见。伤痕已经淡去，更惨烈的，则还在人们的想象之外。

那时，丽塔·海华斯笑容甜烂，英格丽·褒曼清纯入骨。物价开始平抑，市面上蜜丝佛陀唇膏与玻璃袜满坑满谷，不再值得女人们彻夜排队购买。北美洲的贵妇名媛们谈论的话题是飞越大洋至巴黎订制礼服。而那年 2 月 12 日从巴黎蒙田大道 30 号出来的人，人人面带微笑，却都有些恍惚似的沉醉。在这个后来被美式媒体称作“新风貌”的高级订制时装发布会上，克里斯汀·迪奥给时装界带来的猛烈震撼，不亚于一枚深水炸弹。

繁华巴黎，美丽的女模特一个转身，裙摆转出绝代风华。42岁的中年男子克里斯汀·迪奥略带羞涩地微微一笑，真正的大器晚成。

Chris

ChristianDior

在迪奥的家族里面，没有人想到克里斯汀·迪奥最终是以一个出色的时装设计师的身份流传千古的。当他40岁的时候，还可以说是一事无成，环视左右，他的很多朋友都已经在自己的领域立足，而他似乎还在探索成功之路，但是在不知不觉之间，他多年的努力已经积淀了下来，并且成为即将到来的辉煌的坚固的铺路石。

在一次偶然的机遇中，克里斯汀·迪奥遇到了当时巴黎相当有实力的面料商马歇尔·布劳萨，他同时拥有报纸和赌马的生意。迪奥虽然没有成为父母期待的外交官，但是事实证明他仍然具有相当强的说服人的本领，在会谈结束的时候，这位面料大王宣布要出资为迪奥建立个人时装设计室，服装史上最激动人心并且影响深远的事件就此拉开序幕。

虽然很难想象在当时战后物资匮乏、百废待兴的条件下，克里斯汀·迪奥怎样能将设计室发展到全球的NO.1，但是可以肯定的是，他的好运从此接踵而至了。据说迪奥在年轻的时候，曾有相师说他的好运一定是和女人有关的，不管是确有其事，还是宣传策略，这句话可以概括他成功的基础，倒是一点也不假。

an Dior
POISON
POISON

1947年2月12日，42岁的设计师在一夜之间就红透半边天，他的时装发布会以一种近乎疯狂的美丽征服了人们，那些参加发布会的人几乎不相信他们自己的眼睛，人们被他新推出的服装样式完全镇住了。

在这次发布会上，当时社会上的实际情况被迪奥彻底忽略了，那些模特穿着长长的裙子、小蛮腰、大大的裙摆，充满女性美的细节，极尽奢华之能事，好像从来没有过战争，也从来没有停止过歌舞升平的日子。在战后的各种物资极度缺乏的状况下，这种需要大量布料的豪华女装简直是有一点罪过的冒险，难怪会让人大吃一惊。后来在街上穿这种衣服的人甚至被一群家庭主妇围攻，弄得那个倒霉的受害者几乎半裸，可见当时这种服饰样式在人们心中引起的震撼有多么强烈。

实际上，这种被杂志编辑称为“新风貌”的女装，开始的时候并没有打算让女人们穿到街上去，出人意料的是，很快女人们就开始采购大量的衣料来做出这种新的样式，好像400万法国人在一夜之间抬起了头，重新回到那种享乐、荣耀、充满爱和健康的生活中去了。迪奥从某种程度上说，代表了一个时代的开始。对自己的突然成名，他表现得很低调："如果你是诚实而自然的，真正的革新就会在不经意间发生。"

ChristianDior

"新风貌"的成功，既是因为迪奥让妇女穿扮得像花一样的愿望得以实现，也是由于人们长期来对呆板直线形款式的厌倦所致，这充分说明了人们对往日美好生活的怀念。这种款式不仅适用于各种年龄的女性，而且也可以弥补女性身材上的某些不足，因为裙衬、胸衣之类的辅助性内衣的充分利用能够体现人体的"新造型"。这让巴黎人欣喜若狂，整个世界都注视着迪奥，报界也普遍赞誉他是"最出色的时装天才。"

不过，迪奥本人和他的生活不像香奈尔那样富有戏剧性。他比别人更清楚自己的形象，与自己的声望相比，他甚至显得迟钝、笨拙。他是一个肥胖、寡言和行动迟缓的人，天生羞怯和忧郁，习惯于交叉着双手或摸脑袋，活像一个和蔼的乡村牧师。他嗜好美食，喜欢阅读历史和考古书籍。尽管他已成为服装界的风云人物，可还是十分羞于见人，尤其是在应付紧追不舍的记者们时，为了躲避，他有时竟会藏到浴室中去。

从 1947–1957 年的 10 年期间，迪奥公司已成为巨大的跨国性商业公司，经营包括迪奥商标的珠宝首饰、围巾、领带、皮毛、丝袜、化妆品和"迪奥–迪尔曼"牌的鞋子。迪奥似乎主宰着巴黎的时尚，声誉也达到了顶峰。

Christian Dior 迪奥烈艳蓝金唇膏

迪奥烈艳蓝金唇膏是迪奥的骄傲。新一代的迪奥烈艳蓝金唇膏回归了这个品牌的传统，更融入了先进配方与迪奥时装公司的各类美学概念。

价格：240 元 / 3.5 克

迪奥，一位无懈可击的时尚缔造者，一个万众瞩目的顶级品牌。它不断地以美得让人透不过气的美学追求，造就出无数忠实而疯狂的拥趸。

ChristianDior

1955 年，克里斯汀·迪奥先生创造了迪奥第一支唇膏——迪奥蓝金唇膏，从此，传奇诞生。作为迪奥标志性的唇膏，它丰润柔软，色彩纯正，在舒适和持久之间达到让人不可思议的平衡，也成为了无数女性手袋中必不可少的爱物。

迪奥为这款知名唇膏的后裔续写经典，全新的迪奥烈艳蓝金唇膏的现代形象来自创造迪奥形象、构建迪奥传统的美学元素——藤编图案、金属午夜蓝色、银环以及方形的回归。它呈现 22 种色彩的丰富组合，包括 Rose Comedy、Rouge Première 和娇俏可爱的 Rose Diorlywood。

迪奥烈艳蓝金唇膏的配方由迪奥实验室开发，是率先推出的新一代唇膏配方。当迪奥实验室开始研究工作时，其目标是进一步延伸迪奥口红当前配方的极限。这是巨大的挑战，因为这款配方已经凭借令人愉悦、细腻持久的质感，纯粹光滑的效果以及完美勾勒唇线的方式而在市场上大受欢迎。

知性的迪奥烈艳蓝金唇膏运用最新配方，融入"护肤"复合物，让人发现口红世界中的绝妙创新。它蕴涵 Decox，这是能够令双唇丰盈的人造神经酰胺，也是能够促进胶原蛋白合成的分子。神奇的迪奥烈艳蓝金唇膏的另一个秘密是"色彩"复合物，这种光泽加强成分能

够忠实再现电影场景的聚光灯。这种银色的矿物粉末令色彩晶莹闪耀。双唇瞬间光滑，色彩熠熠生辉，为下一部影片作好准备。

迪奥用来自于电影背景所采用的灯光技巧灵感来开发这种特殊的复合物：为了在银幕上实现纯粹明亮的色彩，光线通过折射率极高的棱镜集中在放映机中，然后经过放大，再反射回去。迪奥在实验室中开发的色彩展现配方以同样的方式发挥作用：它是蕴涵珠光白色亮点的矿物粉末，当与唇膏混合时，它成为细腻滋润的银色膏体，极其明亮、细腻、光滑，散发珠色光芒。这种粉末包含成千上万颗微型棱镜(形状就像两座金字塔连在一起)，蕴涵极高的折射率。这些棱镜集中光线，放大后再反射回去，营造出“光幕”效果。唇膏基底中的颜料由棱镜所传输的光能所“扩大”，散发出更纯净明亮的色彩。

迪奥激情演绎了无数女性的美丽梦想，缔造着时尚神话。迪奥就像魔镜，让女人从中发现自己能够创造的奇迹。多年来迪奥的每一个系列，都高雅尊贵，尽显女性妖媚。在美丽的王国中，迪奥最贴近女性，最贴近她们的梦想、秘密，与无尽神采。

ChristianDior

迪奥幽蓝魅惑五色眼影 >>>

虽然迪奥每一季都会推出各种令人眼花缭乱的彩妆新品，但迪奥五色眼影自 1987 年至今，依旧是许多化妆师和女性的最爱。这款眼影以当季高级女装系列为灵感，蕴涵更多质地、色彩和效果变化。

迪奥幽蓝魅惑五色眼影是轻盈与华丽色彩的丰富融合，在柔和亚光、华丽珠光或璀璨光芒中玩着光与影的游戏。从最简单到最具创意，营造出从海洋湛蓝、柔和粉红到翡翠绿、自然肤色的所有效果。

迪奥幸运魔坠限量版唇彩 >>>

2005年圣诞之际，迪奥推出限量版的全新幸运魔坠唇彩，其精致的设计足以吸引人们的眼球。金属光泽的唇彩盒如同一枚骰子，四面分别镶嵌代表不同数字的水钻，盒盖上则是水钻的LOGO，闪耀出华丽璀璨的光芒。黑色天鹅绒缎带，连接着亮银色金属材质的D字母，时尚而高贵。将这枚“骰子”系在腰带或手袋上，旋转间会随着光线变化而闪烁星星点点的光。这款限量版唇彩有米色和粉色两款可供选择，收藏或馈赠都是不错的选择。

迪奥星钻甜心唇蜜 >>>

2006年迪奥再次隆重推出充满惊喜的珍贵限量版单品——迪奥星钻甜心唇蜜，将圣诞化为精彩的魔法时刻，让人直达美妙仙境。这款唇蜜将迷人的银质心形挂锁围绕在施华洛世奇水晶珍珠中，隐藏着双重秘密：配色和谐的双唇色彩，令双唇散发甜美魅力与妩媚神采；它是手袋的装饰，又是唇蜜，还是幸运符……让热爱欢乐的女性感受到奇思妙想的现代浪漫情怀，令人不禁陷入她们的甜蜜气息里。

迪奥星钻甜心唇蜜提供两款感性愉悦的色彩组合。它的灵感来源于相同造型的Pretty Dior珠宝系列，盒中容纳着晶莹色彩与闪烁诱惑，只需轻压盒盖便能打开。

SHISEIDO
资生堂
东方唯美主义的化身
资生堂堪称亚洲最老牌的殿堂级化妆品品牌，它的每一种产品都会在点滴之处昭示出对美的独特诠释。保持东方美的神韵和灵魂一直是它的极致追求。

创 始 人
福原有信
创始时间
1872 年
创 始 地
日本·东京

女人是感性的动物，常常会为某种不可言说的气氛和细节迷醉，与女人打了100多年交道的资生堂深谙其理。1970年，日本人集体向西方审美标准投降，金发碧眼的西方女郎成为日本最抢手的化妆品模特。然而人们忽然发现，资生堂广告上赫然出现了一个典型的日本美人：整齐的刘海儿、细长的眼睛、雪白的脸庞、血红的嘴唇，还有那既沉郁又暧昧的斜睨——可想而知的是，所有人都被震住了。接着，女人们奔向资生堂柜台，而日本的男人重新学会欣赏身边的女人……

SHISEIDO

穿越了百年的沧桑，“资生堂”这一品牌至今依然风华绝代，散发出独特的神秘魅力。正如资生堂的总经理曾经说过的：“资生堂提供的不是化妆品，而是向女性提供梦想。”梦想就是资生堂化妆品的额外给予。

没有一个女人能够在资生堂面前不动心，被资生堂所装扮的女性实在是优雅到了极致，美丽到了极致。极端冷艳和知性，这就是资生堂，它具备所有女性最渴望拥有的奇幻元素。

资生堂是世界四大化妆品品牌之一，也是亚洲第一大品牌。资生堂公司起源于日本最初的西药房，现已发展成为国际性的化妆品公司，在世界各地都有合资公司。“资生堂”一词取名源自《易经》中的“至哉坤元，万物资生”，在中国古代意为“赞美大地的美德，她哺育了新的生命，创造了新的价值”。这一名称正是资生堂公司形象的反映，是将东方的美学及意识与西方的技术及商业实践相结合的先锋。

资生堂不仅受到日本女性的偏爱，在日本之外也受爱美女性的青睐。因为它从不像其他日系品牌那样刻意强调亚洲品牌的保养品较适合亚洲女性使用，以此来抵挡欧美化妆品对于亚洲市场来势汹汹的压力。资生堂的理念是，东西方人肤质差别不大，但是追求的护理效果不同，例如东方人追求美白而西方人强调防晒，东方人讲究保养而西方人注重彩妆，这是文化与先天条件不同造成的。同样，从《易经》的东方哲学思想出发的资生堂，在彩妆方面的意境表现同护肤品一样，带有浓烈、神秘、浪漫的东方情调。

兼收并蓄是资生堂的特色，尽管它已在全世界有了相当大的名气，但仍不忘通过介绍西方文化与融合东方文化来增强自己的实力。自 1992 年起，资生堂依次将三宅一生香水、让·保罗·戈蒂香水、凯伊黛美容护肤用品等诸多国际名牌纳入自己的旗下。作为目前世界上最重要的化妆品公司之一，在日本本土，资生堂除了厂房、博物馆，还有整栋的资生

堂大厦，它的业务除售卖化妆品以外，更延伸到服装、配饰、食品等领域。或许，资生堂的故事不仅是一个顶级品牌发展的故事，更是它美丽并幸福着这个世界的故事。

SHISEIDO

一直以来，资生堂致力于为世界各地不同年龄的女士提供值得信赖的化妆用品，使现代女性更具优雅、知性的迷人气质。资生堂的百年历史，就是追求品位、建立起引领潮流的创新精神的过程。

日本的化妆品，首推长盛不衰的资生堂。自1872年在东京最繁华的银座创办以来，经过一个多世纪的努力，资生堂化妆品已稳稳地跻身于世界最知名品牌的行列。

资生堂以药房起家，最初并非化妆品公司。1872年，曾留学海外攻读药剂学，并曾任日本海军药剂部主管的福原有信在东京银座开设自己的药房，名为资生堂，这也是全日本第一间西式药房。除了卖药，福原有信也自己制药，及至1888年，他成功研制了全日本的第一支牙膏，迅疾取代了当时流行的洁牙粉，这也令资生堂成为日本本土为人熟悉的名字。牙膏的概念虽沿自西方，但资生堂牙膏瓶却也印上了汉字和英文，这预告了一个结合着东西方文化的品牌故事即将家喻户晓。

1897 年，资生堂生产出第一瓶适于肌肤的化妆水红色梦露（Eudermine）。它的推出是资生堂由制药向化妆品企业转型的标志。这款优质的化妆水是资生堂的当家力作，为其赢得了无数荣誉，在 100 多年后的今天仍然受到消费者的喜爱。

资生堂真正成为一个化妆品牌却是第二代传人、资生堂的第一位公司主席福原信三的功劳。福原信三曾游历欧美多国，对当地美学和文化极有心得，还是一位极为出色的业余摄影家。1916 年，他成立资生堂的设计部，专门负责产品包装和宣传。自此，他们以富有独特装饰艺术风格的字母来设定资生堂这名字的外貌，并以山茶花作公司标志，再加上富有阿拉伯色彩的花叶来装饰产品瓶身。资生堂的品牌形象自此有了雏形。虽然，时至今日山茶花和阿拉伯图纹已不复存在，资生堂的字形也经过两度修改，但现时所见的“Shiseido”字样，也与当年的非常相似。当时带有山茶花商标的资生堂发油风靡一时，至今仍给老一代顾客留有深刻印象。

最为重要的是，福原信三将他在美国和欧洲获得的科学知识和艺术感觉注入到企业中，提倡科学的护肤观念。他在秉承父亲的企业理念的同时，创新地在日本首次提倡：在洗脸与化妆之间融入一种新的美容步骤，即肌肤保养。这个观念逐渐宣传开来，其重要性被提到了同健康保养一样的高度，广泛地被日本人接受，并逐渐在全世界传播开来。

SHISEIDO

1923年，资生堂开展连锁经营模式，加强全国性的宣传，同时形象也变得更加鲜明。到1948年，信三逝世，由他的侄儿福原义春接手，第三代的家族继承人上场，又开拓了新的一番事业。在1957年，资生堂开始开发国外市场，打头炮的是在1965年推出的颇具东方神韵的禅香水，而1978年推出的Moisture Mist化妆品系列，包装构思更是取材于日本红漆器。其间，资生堂另外推出的各种化妆品、香水及护肤系列，却彻底地国际化，选用了充满西方味道的包装。

近年，对资生堂形象影响最深远的，要算做舍尔简·牛敦斯了。这位出生在法国的世界著名的形象设计师，自1980年开始就成为了资生堂的形象设计师，并深深影响着资生堂化妆品系列的设计风格。他想象力丰富，奉行东西合璧的设计理念，从而把资生堂的形象搞得更加有声有色。他设计的女性形象，都似真还假、既虚无又实在，结合了东方及西方的美，这也正是资生堂所致力塑造的女性形象。

近年来资生堂宣传页上描绘的女性总是特别白，所摆的姿势也是超现实的。舍尔简·牛敦斯认为，真的会化这种妆的女人是不存在的，他所想表现的是一种潜在的可能性，同时也是精神上的艺术启发。

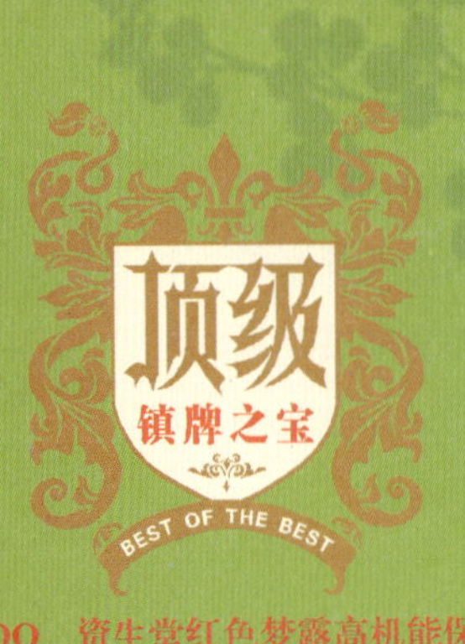

SHISEIOO　资生堂红色梦露高机能保湿化妆水

资生堂开山之作，被喻为镇店之宝，常年销售量第一的明星产品。热销近一个世纪，至今仍然是资生堂的代表产品。红色梦露化妆水，具有高补水、去角质、活肤三合一的功效，是资生堂的第一护肤产品，能使肌肤保持滋润，并调整肌肤的再生周期，创造出美丽的肌肤。

红色梦露以透明水分网膜加上角质清除成分、生化醣醛酸与氨基酸等三大恢复肌肤代谢机能成分构成，可补充肌肤所需水分并达到滋润效果，同时协助角质代谢顺畅、调理肌肤暗沉与纹理。使用后肌肤能持续保湿、细致光滑柔软，守护一整年的润泽明亮。红色梦露中含有的西洋芍药还具有一股特殊温润的香味，能有效安稳情绪，增加使用时的舒适感。

价格：500 元 / 125ml

为了留住青春，让岁月不在脸上留刻痕迹，各化妆品牌在研发保养品时，纷纷从强化肌肤细胞代谢功能着手。药学起家的资生堂，1897 年以西洋药学处方首推多功能的红色梦露化妆水，至今已有百余年。历经一个世纪，红色梦露依然拥有许多爱用者，这充分证实了资生堂化妆品理念的正确性与品质的可靠性。

SHISEIDO

资生堂创立于 1872 年，前身是一家药房，后来才转而出品护肤品与彩妆。这个转折就是从红色梦露化妆水开始的。红色梦露虽是以西洋药学处方研制而成，但最基本的成分还是汉方芍药。这款多功能化妆水之所以可以百年不衰，除了手工制作的高雅瓶身设计值得称道外，超强的保湿效果更是一大主因，可以媲美很多品牌的保湿精华。

1897 年，资生堂推出红色梦露化妆水作为开发化妆品业务的试金石。当时，大部分化妆品均从丝瓜络之类的天然材料提炼，而红色梦露则标榜科学配方及西方药剂学理念，在其希腊语名字中，更包含了美好（eu）肌肤（derma）的祝愿。以手工制作瓶身，更使红色梦露在当时备受女性喜爱，成为女人地位的表征。资生堂这款酒红色的经典之作，百年来不断改进调配，且经过多次改良，陆续推出世纪版、风华版的不同容量包装的版本，每一款都广受好评。

红色梦露能强化肌肤，抑制缺水现象，温和去除多余粗糙老化角质，不论在任何环境下，都能使肌肤保持理想的滋润平稳、安定放松状态，并可调整肌肤的再生周期，创造出柔润自然的美丽肌肤。

系列多是资生堂化妆品的一大特色。在一些高档的百货公司内，资生堂的化妆品多到甚至要用两个专柜加以区隔。

SHISEIDO

资生堂是日本最有名的化妆品公司，资生堂产品系列的确繁多到了令人眼花缭乱的程度。人们常见的资生堂的产品，大都属于资生堂集团旗下的四家公司系统：国际柜（Shiseido International）；东京柜（Shiseido Cosmetic）；资生堂斐迪特（Shiseido Fitit）；菲婷资生堂（FT Shiseido）。国际柜面向海外销售，东京柜面向日本国内销售，后面两者属于内销品牌。

国际柜凝聚资生堂百年技术精华，销售最顶级的资生堂护肤彩妆产品，通常只在世界各地的高档百货公司中销售，主要包括资生堂盼丽风姿系列、百优系列、活颜悦色系列、都会魅彩等系列。

资生堂盼丽风姿系列 >>>

总体来说是为中年成熟肌肤设计，适合中性、干性皮肤。该系列含有特效抗皮肤老化的成分，可防止干燥角质形成，帮助皮肤细胞保持水分及养分，改善缺水情况及减少浅纹。

这一系列是以最尖端的科技为成熟女性的肌肤提供最尊贵的抗衰老护理。先进的防护和赋活配方与丰富敏感的肌肤组织相结合，创造出令人身心均备感愉悦的护肤感受。革命性的酸活效成分能有效作用于成熟肌肤，恢复其原有的状态，使皮肤更加光滑细腻。这一成分还能改善皮肤干燥状况并提高皮肤弹性。

资生堂百优系列 >>>

也称为全能系列，属于单件全能护理系列，可以配合任何系列使用。百优系列采取对待老化肌肤的新方法，同时结合利用资生堂生物技术研究而成的两种受到高度评价的成分——Bio-EPO 和生物透明质酸，先后推出了多款高机能护肤产品，是资生堂品牌中的高机能精华系列。

资生堂活颜悦色系列 >>>

资生堂面向海外销售的基础皮肤护理系列。提倡在滋润养护的同时，为未来的健康而年轻的皮肤打下延缓老化的基础。

资生堂都会魅彩系列 >>>

资生堂面向海外销售的唯一的彩妆系列。和其他两个面向日本国内销售的彩妆系列 inoui、叛逆系列相比，都会魅彩系列更加唯美、时尚、欧美化。

CLARINS
PARIS
Total
Lift-Minceur
"Capitons Rebelles"
Amincit, Draine, Raffermit
Total
Body Lift
"Stubborn Cellulite
Control"
Firms, Refines, Tones
CLARINS
PARIS
Eclat du Jour
CLARINS
PARIS
Fluide
Peau Neuve
Nouvel Eclat
Nouvelle Jeunesse
Pré-Retinol Phyto-Activé
Renew-Plus
CLARINS
Baume
Anti-Rides
Contour des Yeux
Extra-Firming
Eye Contour
Cream

娇韵诗

功能性化妆品的至尊巅峰

娇韵诗坚持纯植物护肤的研发理念，所有产品均取材于纯天然的植物精华。凭借它多年的肌肤护理、纤体经验，及产品的超凡功效，娇韵诗让人懂得天然、纯净的保养才是对自己最大的宠爱。

有些元素的相依相生，就像呼吸一样自然。我们无法想象时尚界没有高级订制服装，汽车工业没有一级方程式赛车，或足球界没有欧冠联赛会怎样。娇韵诗与纯天然植物配方，何尝不是如此？从创业至今，始终坚持使用纯植物成分的娇韵诗，即使经过50年，任凭保养市场潮流不断更迭，它还是以不变应万变，正如名流身上穿的蒂埃里·穆勒手工剪裁的西装，20年也不会变形。娇韵诗的植物配方就像路易威登和爱马仕的皮件，真正的精品可以传世。

天然成分现在听起来或许了无新意，但却最具有发展空间。娇韵诗也是借由对皮肤的研究结果，慎选活性成分，才将植物的功用发挥到极致。在化妆品行业中活性成分的调配有很大的学问，你也许可以在大小餐厅看到相同的菜单，可是名厨对食材的严格选择，让菜吃起来就是不一样。化妆品高低档次的差别也在于此。

娇韵诗产品研发精神，是以植物性成分为主要诉求。事实上，娇韵诗所研发推出的第一瓶产品，正是植物精油。它所有产品的研发，必定是以植物性精华为主要有效成分。而且，在发给主要顾客的护肤美容手册中，娇韵诗也必然明白列出每一项产品所包含的植物性成分，以及该成分的效用。

娇韵诗产品不以见效快或奇迹效果为追求，而是靠植物性的温和功效，让保养日渐有效。同时，它也针对各种不同的肌肤需求，提供一系列完整的肌肤保养系列产品。

娇韵诗精心打造一系列的肌肤保养产品，让使用者在步入中年之后，仍然可以持续保有健康肌肤的活力光彩与美丽。这种魔力正是来自娇韵诗对美丽的一贯坚持与诚挚关怀。

历经50余年的辛勤努力，娇韵诗创造了最新的高效力肌肤护理产品，改变了整个美容业界，使娇韵诗在优质护肤品领域一直处于领先地位。

娇韵诗成立于1954年，创办人贾克古登·娇韵诗原本想当医生，但因为第二次世界大战爆发，他中断了医学院的课业，一直到战争结束后他才成为专门诊治脊椎病痛的医生。由于他的病人以女性为主，贾克古登发现除了身体病痛之外，大部分女患者都很不满意自己的肌肤状况。当时专业的护肤研究非常少，而贾克古登本身对植物精华的美容疗效也非常感兴趣，1954年他干脆在法国巴黎成立第一家美颜身体护肤中心，深入研究植物精华的功效，以及“健康按摩手法”。

身为专业肌肤护理保养专家的法国娇韵诗，为男士们设计创造出9种局部肌肤护理产品。娇韵诗男士系列保养品分为刮胡产品、保湿产品、头发与身体护理产品。娇韵诗男性全系列皆采用萃取自多种特殊天然植物的精华成分，其轻盈舒适的质地与不含脂质配方的成分，能够使男性肌肤保养达到最佳效果。

娇韵诗的产品一向强调植物性和功能性，到了20世纪70年代初期，娇韵诗独创的美容护肤方法已经声名远播。当时含化学成分的保养品迅速崛起，以天然成分为主的保养品被视为过时的代表，但贾克古登仍然坚持产品理念，继续坚持“绝对天然”的品牌宗旨，一直到今天娇韵诗产品还都是采用纯正植物精华制造，产品研发更以植物性成分为主要要求。而脸部及身体保养品，尤其是大多数品牌列为较晚发展项目的美体保养品，一直都是娇韵诗最具特色，也是最为完整的主力系列产品。

CLARINS

最初，贾克古登用购买来的按摩霜和按摩油来给客人做护理，不久，他决定自己研制一款功效更加卓越，并以百分之百纯植物精华为成分的按摩油。最先推出的产品由三款身体护理精油和三款面部护理精油组成，这些精油产品在使用中获得了极大的成功，顾客们要求贾克古登允许她们把这些精油带回家，作为日常的护理品使用。受到启发，他逐渐将只在护肤中心内使用的保养品大量生产并在部分美容院和百货公司销售，这一举措为他带来了极大的声望。

在20世纪70年代初，娇韵诗与世界各地经销商签署独家代理合约，开始了国际性的业务推广。今天，娇韵诗已成为欧洲家喻户晓的护肤品牌，行销全世界100多个国家。娇韵诗的成功，归功于它功效卓著的护理产品，以及以尊重顾客为基础的企业文化。身为专业肌肤护理保养专家，娇韵诗充分理解到男女生理有别，男性肌肤的需求和女性不一样，男女的保养诉求也大不相同，因此作为高效率和专业化的品牌，娇韵诗没有那种过于女性化的印象。娇韵诗品牌科技和自然的完满结合，产品中含有的先进有效的活性精萃成分，不断创新的肌肤护理科技，同样赢得了众多男性顾客的充分肯定和支持。

娇韵诗多元瓣膜系列提供了全天的防护，能够充分地增加肌肤的青春活力，抵抗第一道压力纹的产生。其中的多元瓣膜日霜更具有多方控制系统和多重专利植物配方成分。

CLARINS

现代人生活的压力很容易写在脸上，疲倦、睡眠不足，加上环境中种种侵害肌肤的因素——空气污染、温湿度变化、室内空调、紫外线伤害等都会造成肌肤提早老化。

娇韵诗多元瓣膜日霜为受此困扰的人士提供了完美的“都会防护林”。它含有丰富的清新舒爽的植物精萃配方，从橄榄、杏仁等植物中提取精华。这些植物有自我防护机制，在恶劣的环境和气候下依然能茁壮成长。这些植物萃取物提供肌肤多重保护，免受环境侵害，可称为理想的肌肤日间防护产品。

在娇韵诗多元瓣膜日霜中发挥作用的主要是其中由各种精华构成的多方控制系统和多重专利植物配方成分。

多方控制系统是一种动力防护，可以提供防御肌肤的自我修护及压力控制能力，当外来压力来袭，它能自动将肌肤角质做快速修复，肌肤屏障将完整保护、平衡肌肤基底水脂膜。这项多方控制系统萃取自木海拉，是保持肌肤年轻的特殊专利配方。木海拉在恶劣生态环境中仍然能维持完好的生存机能，并含有丰富的糖类及矿物棉，运用于肌肤后，可刺激肌肤，使肌肤防御系统启动，以抵御环境中的种种压力来源。

多重专利植物配方成分也是娇韵诗独家专利之一。多重防护复方包括糖松、蔗糖、橄榄、刺五加、杏仁、雪亚脂等萃取物，是一层类似植物薄膜的保护体（如洋葱茎及郁金香球茎的薄膜），可以保证肌肤在一天中随时需要的基本保护功能，也可以预防皮肤因受环境侵害而引发敏感等问题。这些植物的自我防护机制提供肌肤多重保护与调节能力，并持续帮助肌肤获得活力补给与青春面貌。娇韵诗多元瓣膜日霜如果能搭配多元瓣膜晚霜使用，更能让人的皮肤彻底抵抗压力、释放美丽。日间活化滋润肌肤，保护肌肤免受外间环境的侵损；夜间温柔地舒缓肌肤，消除倦容，令人神采再现。

CLARINS　娇韵诗多元瓣膜日霜

娇韵诗多元瓣膜日霜特有多方控制系统，当压力来临时，它可以提供肌肤自我修复及控制压力的能力，为肌肤提供有效的修护作用，让人整天都能保持容光焕发，神采飞扬。该项多元控制系统的主要成分萃取自木海拉，是保持肌肤年轻的独特配方。英国前王妃戴安娜就曾是娇韵诗多元瓣膜日霜前代产品的忠实顾客。

价格：520 元 / 50ml

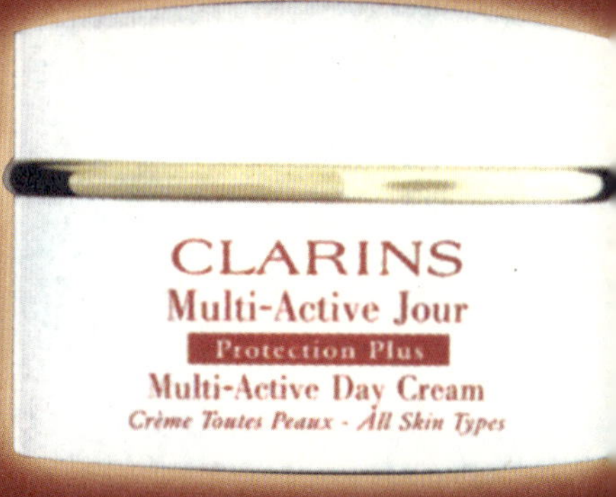

CLARINS

CLARINS
Multi-Active Nuit
Crème Confort
Prevention Plus
Multi-Active Night Cream

CLARINS
Multi-Active Jour
Protection Plus
Multi-Active Day Cream
Crème Toutes Peaux - All Skin Types

娇韵诗以功能性化妆品著称，可谓是功能性化妆品的第一品牌。正是其产品的有效性，才奠定了它在世界化妆品行业中的尊崇地位。

娇韵诗研发了一系列具有完美效果与愉悦质地的产品，满足脸部与身体的美容护理、高效防晒与完整彩妆的需要。每一款均含有特别挑选且经过实效证明的完美成分，不论需求为何，人们都可以找到适合自己的娇韵诗产品。

娇韵诗新生紧肤日霜 >>>

第一款光活性化的抗皱护理产品，任何肤质以及极干性肌肤皆适用。娇韵诗新生紧肤日霜的灵感来自于植物光合作用，原理是利用日光来刺激某些植物萃取的活化功效，在肌肤最需要的时候，借由光线制造皮肤所需的维生素 D，唤醒细胞新陈代谢，有效活化再生，让肌肤再一次充满活力，补充年轻光泽。此外，从啤酒花与鼠尾草中萃取的维生素前导物质更能提升润泽保湿效果。

娇韵诗莲花油 >>>

娇韵诗的莲花油是世界公认收缩毛孔最有效的护肤品，能有效控油、收缩粗大毛孔，适合混合性及油性皮肤。因为是百分之百纯天然植物精油，不含任何化学成分，所以具有独特的轻盈液体质地，可迅速被肌肤吸收。内含莲花、迷迭香、天竺葵、鼠尾草等成分，可以使油脂分泌更规律，吸收多余的油脂，细致毛孔，预防肌肤缺水，避免污垢积聚，让肌肤更柔软润泽。如果长期使用，可缩小毛孔，令皮肤变得光滑。

娇韵诗日晒防护智能粉饼 >>>

娇韵诗的防晒保养产品在欧洲地区一直是领导品牌，而防晒品更是以高品质来自我要求。产品中含有的专利配方多重细胞保护复合素让人能够在享受自然阳光的喜悦的同时，拥有持久亮丽的晒后肤色。

娇韵诗日晒防护系列的质地非常清爽，为肌肤形成一层透气的天然屏障，营造出剔透的肤色；兼具有保护皮肤免受环境侵害的功效，能防止肌肤提早衰老，让人不惧艳阳高挂。

娇韵诗温和清洁乳 >>>

俗称绿吸盘，适合中干性肌肤使用，含有阿尔卑斯山药草及Bio-Ecolia天然活性成分。以纯植物萃取为主要配方的娇韵诗清洁乳，能使肤色清澈透明，具有润泽功效，并能中和硬水中使肌肤干燥的成分；能够清洁脸部化妆品及不洁物，具有柔软作用，有效活化及补充水分的不足，湿润肌肤及保持弹性。油性肌肤的人可以选择同款的平衡清洁乳（俗称白吸盘）。

BOBBI BROWN

波比布朗

无可替代的彩妆望族

波比布朗将T型台上的潮流转变为现实生活中的妆容，清新、现代、持久的风格适合每位女性。凭借出众表现，它已与雅诗兰黛等顶级名牌化妆品一样，成为品位人士仰慕爱用的奢侈大牌。

创始人
波比·布朗
创始时间
1991年
创始地
美国·纽约

当化妆师们一层又一层地在女人们的脸庞上垒起各色彩妆，遮盖面部的瑕疵，增添鲜艳的色彩，力图让女人“脱胎换骨”的时候，有个与众不同的声音拉开了彩妆界“素颜革命”的序幕，这就是波比布朗。简单、真实，这就是波比布朗的哲学。

波比布朗会让人觉得化妆更方便、更快捷，同时更能表现出个人本色，而不是像戴假面具。波比·布朗本人一直提倡化妆只是让女人变得更漂亮、变得更自信，但是最重要的是不让容貌在化妆后失真。波比布朗的化妆品不受年龄、体形、种族的限制，任何年纪的人、任何肤色的人都可以使用。

现在的波比布朗彩妆仍维持着强烈的使命感，它的遮瑕、粉底及蜜粉颠覆了整个彩妆界，为彩妆业带来革命性的变化，使得更多女性学会选择用适合自身的颜色来化妆，而不是用那种看上去很不自然的颜色。例如波比布朗的口红和胭脂的颜色从细微加强肤色的色调到具有强大色彩效果的色调都有，能满足不同女性的需要。

波比的使命就是用高质量的专业产品来满足不同类型女性的美容和生活方式的需要。这些产品来自于她的观念和下列理念：一种简单有效的美容方法，快捷简易，从护肤开始，为均匀妆容打好基础。基础系列应用遮瑕膏、粉底和蜜粉，为下一步的彩妆建立基调。如果基础上妆正确了，那么其他步骤就不会出错。尤其使用肤色基调产品，会带来最自然的妆容效果。最让人称道的是，虽然波比布朗彩妆色彩丰富，却让人丝毫感觉不到用其他化妆品时那种常有的华丽妆感，完全是健康自然的神采飞扬。

波比布朗的拥趸中包括不少时尚界与音乐界名流，以及好莱坞知名巨星，其中包括珍妮弗·洛佩兹、梅格·瑞恩、惠特妮·休斯顿等人。尤其是近来在雅诗兰黛集团的支持下，波比布朗的化妆理念很快从纽约扩展到德国、英国、日本、中国台湾等国家和地区，全球有越来越多的女性为波比简单自然的彩妆概念所吸引。

BOBBI BROWN

全新的彩妆观念，实用的上妆刷具，实际的化妆用品，只需简单的几个化妆步骤，在整体化妆品市场日益花哨烦琐的环境下，波比布朗试图以全然不同于流俗的新速度化妆概念，打动人心。

当波比·布朗立志成为专业化妆师的时候，她大概从来没有想到过，有一天，她的名字会跟雅诗兰黛、伊丽莎白·雅顿、植村秀这些名牌化妆品一样，成为无数女人日思夜想的扮靓佳品。

BOBB

BROWN

从美国纽约的一个新兴品牌，到今天凭借雅诗兰黛化妆品集团的强势行销体系和财力支持，波比在与雅诗·兰黛夫人长子伦纳德会面后的决定，改变了自己未来的命运走向，也改写了雅诗兰黛化妆品集团的历史。

从一位普普通通的化妆师到加入雅诗兰黛集团，成为波比布朗化妆品总裁，波比的发展际遇，就如一则灰姑娘式的现代传奇。

波比小的时候，很喜欢拣拾妈妈的化妆品，在自己或是其他小朋友的脸上涂涂抹抹。波比的父母很开明，并没有像其他大多数的父母一样，心疼化妆品被孩子糟蹋了，或是对于小女孩这么小就爱化妆而有任何不悦。

这位生长在美国伊利诺伊州、爱化妆的小女孩长大之后，又在父母的鼓励与支持下，到位于波斯顿的爱默生学院念书，主修电影特殊造型化妆及舞台化妆。学成之后，她像所有修习艺术、研究流行趋势的造型师一样，到纽约闯天下，渴望闯出一些名堂。

人才荟萃的纽约，每天有无数来自世界各地的各行各业顶尖人才在此努力奋斗，希望能熬出点成绩来。每天又有多少专业化妆师在此挤破脑袋努力争取为大明星或知名模特儿化妆的机会。天资聪慧的波比很快便幸运地脱颖而出，有越来越多的超级名模及知名演艺明星指名要求波比为她们做造型，波比很快成为了时尚界的宠儿。

波比战胜了很多事业上的挫折和挑战，同时在这个色彩纷呈的世界中，她也越来越深刻地感受到那些缤纷并不是她所追求和喜爱的美感。“市场上太缺乏能够适合各种肤色使用的色彩了。”波比说，“我必须去不断地迎合我买的产品，费劲地去揉搓和晕开色彩，直到颜色看上去自然柔和。”她所希望的化妆品，是能够展现女性最自然真实的魅力，看起来、感觉起来更像原本的自己，而且更美更自信的化妆品。

波比在一个杂志摄影会上与一个化学家的偶遇让她的设想变得可能。“我一直构思着创造一种唇膏，没有香料，不干涩也不油腻，看上去就像嘴唇本身的颜色。我把这个设想告诉了这位化学家。”化学家根据波比的要求完成了唇膏。不久，一款粉棕色系，以及九款自然色系的唇膏相继诞生，完成了波比的自然唇色系列。

有了这套唇膏，只需混合各种不同的颜色，女性就可以创造出变换无穷的持久妆容。这种自然的唇彩很快得到了美容业内人士的一致赞同和广泛使用，随之受到世界各地女性的喜爱，波比的职业生涯也开始腾飞。在 1991 年她 32 岁的那一年，她凭借在时尚界的盛名，与拍档罗瑟琳·兰迪斯推出了波比布朗化妆品系列。

在之后的发展中，波比依然秉持着她的“真实素颜哲学”，提供给女性更好的选择。她的遮瑕膏、粉底和蜜粉，让女性用适合自身的肤色来化妆，而不是那种看上去很不自然的粉红色。她的唇膏和胭脂的颜色既有细微加强肤色的，又有具有强大色彩效果的，能满足每个女性的需要。她的化妆工具和配件，更达到了造型与功能兼备的完美结合。

波比的化妆哲学简单而单纯，具备学院派扎实理论基础的她，在经历最复杂且高难度的舞台化妆和电影特殊造型化妆训练之后，又看尽顶尖流行时尚圈对于美的阐释的潮流变化，洞悉出女性最真切的美感还是来自于用最自然的方式呈现自我，是一种繁华落尽见纯真的美丽。

因此，尽管是由专业彩妆大师设计为品牌出发的原点，波比布朗化妆品还是希望适用于一般女性，让人人能用、人人会用。就好像波比本人虽然每天接触到的都是顶尖流行的时尚事物，她却始终保持最简单的穿着，利落的发型，衬托着清秀的脸庞，全身散发出自在清新的气质。

为了使每一位波比布朗化妆品的消费者，都能够了解波比对于化妆品运用的概念，波比布朗采用的销售方式，有别于大多数专柜化妆品品牌的行销概念。每一个波比布朗化妆品专柜都设有彩妆工作台，专柜中除了一般的美容顾问之外，还有技艺更精良的专业彩妆师，在工作台为消费者做彩妆服务示范，肩负着使每一位消费者不仅喜欢波比布朗的彩妆，还要能够在每天的生活中应用这套彩妆概念，使自己变得更美丽的重要任务。

BOBBI BROWN

在这个奢华美丽风起云涌的时代，波比布朗总有这么一些产品经过时间的考验，成为人们心中最向往的明星美容单品。

目前为止眼线膏被认为是打造眼线的最好工具，因为容易掌握，效果又非常自然生动。波比布朗流云眼线膏含有持久防水成分、高浓度的防水配方，可以为敏感肌肤提供 UVA 及 UVB 的防护，其中所含有的芦荟和牛油果成分，可以创造出持久浓郁的艳丽效果。

膏状眼线可以轻松填满睫毛间的空隙，即使画出线状眼线，也不会显得生硬。这款眼线膏既能实现眼线液无法达到的浓丽纤细，也可以晕染开来，达到比眼线笔更自然的效果。而且其中的持久防水成分也具有快干效果，不掉色，可以使眼睛更深邃、动人。

需要注意的是，用这款眼线膏画眼线时可以将多余的眼线膏在化妆纸上轻轻拭去，或在手背上将刷头压平、压细，然后再开始画。动作要快，因为它的快干性使得眼线膏干后无法涂抹。

顶级
镇牌之宝
BEST OF THE BEST
Bobbi Brown 波比布朗流云眼线膏
波比布朗流云眼线膏是美国权威时尚杂志《In Style》评出的166种最好的彩妆之一，通过皮肤科医生检测。它也是波比布朗最畅销的产品之一，配合超精细眼线扫使用，可以创造出意想不到的效果，使整个眼妆更立体。
波比布朗是化妆师的爱用物，被专业彩妆大师喻为“创造梦幻般戏剧效果的法宝”。尤其是最新推出的流云眼线膏的星纱系列更加风靡全球。其持久防水效果加上高密度的色彩使这款产品荣列六星级名单之上。
价格：250元／3ml
LONG-WEAR GEL EYELINER
BROWN
BOBBI BR

波比·布朗推出的化妆品品种不算多，却希望产品样样都成为经典。她希望她的产品都能传递她彩妆观念的精髓，而不只是过季即逝的一时美丽。

BOBBI BROWN

美国著名的彩妆品牌波比布朗一向奉行“简约、清新、时尚”的彩妆理念。认为彩妆的重点在于让女性显得健康、精神、迷人，这也正是波比布朗一贯的风格。所以做一个更漂亮的女人其实并不难，波比布朗可以帮你做到。

波比布朗的彩妆不同于多数消费者心中对于彩妆大师品牌的既定印象，似乎在色彩方面总是要以多取胜。它也不紧随流行风潮，在每一季推出所谓流行彩妆。

身为白种女性，波比认为任何人种，包括白种人在内的肤色都是以黄色为底色，因此波比布朗的粉底或彩妆也大多是自然、类似肤色或棕色为基础的大地色系。波比不赞成女性用化妆去改变原本的肤色，因为她认为化妆的目的是要使人看起来更美，而不是让人失去原本的特色。

波比布朗舒容粉妆条 >>>

波比布朗的代表作。每年4月美国权威时尚杂志《In Style》都会推出一年一度的美容产品推荐排行榜，由美容时尚界内的专业化妆师和皮肤科医生一起评选出自己的爱用品和推荐品。波比布朗这款舒容粉妆条，屡次荣登其推荐榜。

这只具有创意又携带方便的粉妆条，也是波比最爱用的粉底膏。波比布朗亚太区彩妆总监也曾经说过如果只能让他选一件产品在身上的话，他会选择这款当家粉条。

波比布朗舒容粉妆条可用来局部遮瑕，或作为全脸的粉底。它的遮盖力超强，其中肤色基调的黄色系是最适合亚洲女性的粉妆色泽。如果需要舒容粉妆条发挥超强遮盖力，可以用海绵或指腹将粉妆条在全脸轻轻推匀；如果只想获取非常轻盈自然的妆容，可以只在肌肤不匀处使用，或配合使用波比布朗专业粉底刷，这样刷出的底妆既薄又均匀且非常自然服帖。

波比布朗钻石闪烁眼影 >>>

这是一款足以让人绽放性感、令人心动的眼影。它有别于市面上一般的眼影，粉质细致充满质感，而又不过于狂放。闪烁效果轻巧而飘逸，薄薄一层，在灯光的照射下，瞬间浮现低调、性感迷人的闪烁光芒，带着似有还无的妩媚性感。它可在眼睑下、眉骨处打高光或单独作为眼影使用。

波比布朗星纱颜彩盘 >>>

波比布朗是全球第一个推出拼色颜彩盘的品牌。波比布朗星纱颜彩盘更是一款多用途彩妆盘，也是波比布朗的明星产品。经过多层切割技术，除了粉的质地更绵细外，还更容易均匀上色，能让肤质呈现一种犹如丝缎般的质感。可单色使用也可混合使用，混色当做脸部亮粉能立即让脸庞有薄透晶亮光泽，此外还能当眼影使用。总之，它能带给眼睛、面颊和身体星纱闪耀的效果和不同的妆容气质。

星纱颜彩盘作为腮红时，可用匀脸刷横扫所有色彩，在手背上抹匀后直接涂抹脸颊，增添亮泽与透明感；作为眼影，五款色彩可自由搭配或单色使用，随意创造不同效果；还可作为全身或局部肌肤打亮，甚至在颧骨上方可做局部加强，不但能创造出立体脸型，还能快速打造充满不同风情的妆容。

创始人
卡罗尔·菲利普
创始时间
1968 年
创始地
美国·纽约

CLINIQUE

倩碧

来自皮肤科专家的护肤灵丹

在倩碧的系列广告中，从来没有品牌的代言人，因为产品本身，便是倩碧唯一的代言人。时至今日，倩碧已被世人公认为安全有效的皮肤护理品，成为享誉世界的销量最大的化妆品品牌。

美丽其实并非需要繁复的过程才能获得，最重要的是掌握要领。倩碧（Clinique）传达的就是美丽的要领，它的德文原义指诊所，是第一个将皮肤学专业产品推广给普通消费者的化妆品品牌。30 多年来，它始终是专业、权威、坚持高科技和时尚感的高档化妆品的突出代表。它以皮肤科医师的处方，开发出一系列的护肤、彩妆、防晒产品，让每个女人都能经由简单的步骤，拥有美丽的容颜。

倩碧的产品概念十分完整而独特，更因参考了皮肤科医师的建议，使得产品能直接对护理皮肤产生效用。从建立以来，倩碧的护肤概念一贯清晰而

CLINIQUE
turnaround
concentrate
visible skin
renewer
action renovatrice
visible

简单：通过一日两次清洁、清理和滋润三步骤，让护肤工作成为日常生活习惯的一部分，快速有效地达到护肤效果。这也是倩碧博得许多处在快节奏生活状态下的职业女性厚爱的最主要原因。倩碧这个护肤三步骤的护肤理念和产品，也因此从未改变过。

简单、自然的原则，是倩碧一直不变的法则，同护肤品定位一样，倩碧也主张彩妆应该是简单而有趣的，每个人都应该尝试不同的化妆，而且深信一种颜色可以适合任何女人，只不过颜色的深浅应视肤色的不同而有不同的选择。因此，倩碧设计了独家的“色彩锦囊”，将所有的色彩分为四种色系：自然色系、青春色系、都会色系与亮丽色系。只要找出自己的肤色和喜欢的色系，就可以轻松选出一整套最适合自己的彩妆搭配。倩碧因此在化妆品界成功地树立了清新自然的品牌气质。

倩碧相信，只有皮肤科医生的专业配方，才能确保产品的有效性和安全性，因此，所有产品全部经由皮肤科专家研制，是倩碧从创立至今始终秉承的一项传统。此外，倩碧的眼部护肤及彩妆产品，除了采用皮肤科医生配方之外，还必须通过专业眼科医生的测试。它的每项产品、每种配方都必须通过过敏性测试。过敏性测试要求非常严格和精确，每种配方都必须经过 7200 人次的测试，只要有一个人有一次过敏，这种产品的配方就将不能通过。

倩碧的所有产品（除香氛外），无论是护肤品还是彩妆，都百分之百不含香料。这不仅极大程度降低了香料可能导致的皮肤过敏等隐患，更显示出倩碧对原料品质的坚持——这是因为，不添加香料的化妆品，就必须使用最高档的原料，经过最科学的配方和最精细的制作工艺，才能避免异味的产生。倩碧，就是如此执著，如此与众不同。

CLINIQUE

CLINIQUE skin supplies for men

倩碧创始人的幸运始于她那些与当时普遍言论相悖的理论。一切源于偶然，一切又因为偶然而有了契机。这一偶然，不仅使卡罗尔·菲利普女士创造了倩碧品牌，而且也使倩碧为美容业注入了新的内容与活力。至此，倩碧与爱美女士的一段尘缘便有了序曲……

倩碧男士保湿修护霜可以深层补充水分，带来舒爽的满足感，肌肤更柔软滋润，它也可以启动肌肤水磁场，减少干纹细纹，迅速吸收，不油腻。

关于倩碧的初始，有一个简单得不需要用词汇来修饰的故事，这个故事源于20世纪60年代美国著名时尚杂志《服饰与美容》某一期上的一段文字。“完美肌肤可以创造吗？”这是文字的标题，也是倩碧确定品牌目标的标尺，因为这样的一段文字，倩碧的辉煌开始了，同时一场护肤的革命也悄然崛起。

20世纪60年代后期，人们对肌肤美丽的概念仅限于一句当时被普遍推崇的至理格言——女性肌肤的状况是与生俱来的，不可改变的。直到有一天，一位杂志主编提出“女性应该正视她们的肌肤”的言论后，人们才开始惊觉，原来完美肌肤可以重塑。

这一年是1967年，这位主编就是美国时尚杂志《服饰与美容》的主编卡罗尔·菲利普女士。谁也不曾想到，这位《服饰与美容》杂志的主编日后竟开创了化妆品界的奇葩——倩碧品牌。她的幸运即来自于她在那篇名为《完美肌肤可以创造吗?》一文中所提到的独特的护肤理论。卡罗尔·菲利普在文中提出女性应正视她们的肌肤的理论，而她的资料来源正是由著名的纽约首席皮肤学专家诺尔曼·奥伦特拉奇博士提供的。

诺尔曼·奥伦特拉奇博士在接受卡罗尔的专访时表示：美丽不是只靠遗传获得，通过正确的护肤程序，也可改善肌肤状况。女性可以通过主动积极的护肤程序，也就是第一步清洁、第二步清理皮层、第三步滋润的“护肤三步骤”，让肌肤处于健康自然的完美状态。同时他还提出阳光紫外线是伤害肌肤的最大元凶，进而强调防晒的重要性。此理论一出，整个化妆界为之轰动。

这篇具有里程碑意义的报导不仅提出精辟的护肤观念，也引起雅诗·兰黛家族的注意，不久便聘用卡罗尔创办倩碧化妆品公司，聘用诺尔曼·奥伦特拉奇博士担任倩碧的首席皮肤科医生。1968年倩碧在皮肤学专家指导下，通过过敏性测试，成功研制了第一个完全不含香料的护肤品牌，那便是倩碧正式创立之日。

倩碧品牌与医学的渊源很深。当时雅诗·兰黛夫人与卡罗尔·菲利普在创想倩碧品牌名称的时候，正好途经一个德国小镇，而这个小镇上有一家诊所，白底绿字的Clinique的招牌显得简洁明快，格外醒目。雅诗·兰黛夫人与卡罗尔·菲利普

CLINIQUE
superbalanced
makeup
teint
équilibre parfait
QUE

立即联想到正在为品牌名称伤脑筋的事，而两人又同时对 Clinique 这个招牌产生了极大的好感，于是雅诗·兰黛夫人找到了这家诊所的老板，希望他能够出让倩碧这个牌子，而开出的条件也是非常优厚：一是用一大笔现金买断这个品牌，二是让诊所老板成为倩碧公司的股东。最终，诊所的主人在天文数字般现金的诱惑下，出让了倩碧的品牌，不过如果他能事先知道倩碧的品牌一经推出就红遍全球的话，一定会选择第二个条件的。

20 世纪 60 年代的化妆界只强调浪漫感和神秘感，完全忽视医学研究成果。而倩碧以其清新的形象和深厚的医学研究背景，与其他品牌形成了强烈的对比，轻而易举地就在众多化妆品品牌中脱颖而出。在成功地推出基础护肤三步骤产品洗面皂、洁肤水、特效润肤露之后，倩碧不断开发新产品和新市场。1970 年，倩碧成为最早生产防晒护肤品的公司之一。1989 年，倩碧彩妆产品在美国百货公司中销量第一。1991 年，宇航员使用倩碧的产品。同年推出的 City Block SPF15 是第一个采用非化学防晒成分的防晒品。1994 年，倩碧首次在专柜推出趣味性的电脑互动

化妆指导服务，加强了和顾客的沟通。1996 年倩碧建立了自己的网站，提供最新信息和咨询服务。1998 年倩碧欢泌香水在美国 Fi-Fi 颁奖典礼中获最佳女士香水大奖。其后，更新水凝霜、保湿修护润肤霜、滋润粉底等，均成为热卖产品。2000 年，倩碧更推出亚洲女士所需的美白系列及更全面的防晒系列。由于倩碧产品能有效地解决常常困扰亚洲人皮肤的多种问题，如油脂分泌过多、暗疮及毛孔阻塞等，因此，它现已成为亚洲女士心仪的品牌。

不仅如此，倩碧也是首先提倡个人咨询服务的化妆品公司。在经过严格培训并具有专业知识的倩碧美容顾问的个别指导下，顾客可以通过倩碧皮肤分析器了解到自己的皮肤类型和肌肤状况，而美容顾问也可以通过这些分析向顾客推荐适合的产品。

美丽不仅仅在于看起来的年轻，更要神采飞扬，这就是倩碧美的宣言。闪亮的银色、纯美的白色、舒爽的青绿色就是倩碧的标志。

基础护肤三步骤优雅地开拓了倩碧在美容品中的经典地位，如果要用一个形容词来为它做些描述，那么无疑，体贴是最契合的选择。倩碧基础护肤三步骤犹如一个最贴心的医生，为皮肤带来全新的未来。

诺尔曼·奥伦特拉奇博士认为：肌肤与生俱来就具有自我更新和滋润的能力，虽然这种天生的机能会随着年龄、外界环境的变化而逐渐减弱，但只要掌握肌肤自然规律的奥秘，创造完美肌肤便指日可待。倩碧基础护肤三步骤是一个“符合肌肤自我规律”的系统，是在使用任何护肤品之前理想的“打底”程序：每天早晚两次，每次三步骤，用洁面皂清洁、软化肌肤，洁肤水清理皮层，特效润肤露滋润皮肤。环环相扣，就能有效提升肌肤的自我更新能力，确保针对肌肤问题的保养品被更有效地吸收，令肌肤时刻焕发独有的倩碧光彩。

第一步：倩碧洁面皂

安全有效的倩碧洁面皂，能彻底清洁肌肤，有效地清除脸部的油脂和污垢，同时适度软化角质，使肌肤保持清新、光洁，重现焕然一新的清透感觉，为下一步清理皮层作好准备，而且毫无干燥紧绷感。洁面皂分为柔性、温和型和加强型三款。

柔性洁面皂，专为干性、敏感性肌肤研制。温和型洁面皂，专为混合性肌肤研制。加强型洁面皂，专为油性、极油性肌肤研制。

第二步：倩碧洁肤水

独具清理皮层功能的倩碧洁肤水，能加速肌肤自我更新，令肌肤瞬间回复滑嫩、柔软、光泽和透明。倩碧保湿洁肤水，更是为亚洲女性肌肤度身定造，在清理皮层的同时，帮助解决由于干燥引起的各种肌肤问题。使用倩碧洁肤水清洁皮肤可去除肌肤死皮，使滋润成分更容易被吸收，肌肤清洁更彻底。

倩碧基础护肤的洁肤水有四款，分别适合不同的肌肤类型：1 号适用于极度敏感脆弱肌肤；2 号适用于中干性肌肤；3 号适用于偏油性肌肤；4 号适用于极油性肌肤。

第三步：倩碧特效润肤露

被誉为“天才乳液”的倩碧特效润肤露，与肌肤自身的滋润成分如出一辙，为肌肤复制天然的水油平衡状态，让肌肤变成擅长导入营养的湿海绵。“润而不油”是特效润肤露的显著特色。使用倩碧润肤露进行滋润，可以使完全清洁并去除角质后的肌肤能有效吸收倩碧润肤露带来的营养和水分，恢复肌肤的天然滋润保护膜，使肌肤保持湿润柔滑。

倩碧特效润肤露可分为有油配方、无油配方、无油啫喱配方三种。有油配方，适合干性肌肤；无油配方适合混合及混合偏油肌肤；无油啫喱配方适合极油肌肤。

顶级
镇牌之宝
BEST OF THE BEST
CLINIQUE 倩碧基础护肤三步骤
倩碧基础护肤三步骤是倩碧最著名的基础护理产品，包括清洁功效的洗面皂、清理皮层的洁肤水和具有滋润功效的特效润肤露，它们为倩碧奠下事业基础，就此成为业界的传奇，成为爱美女性不可或缺的护肤产品。
护肤三步骤是倩碧家喻户晓的产品，尤其是其中的特效润肤露更是倩碧最畅销的产品，创下全球每3.7秒售出一瓶的传奇纪录。从1968年以来所有售出的特效润肤露如果倒出来，所形成的1厘米宽的黄色彩带足可绕地球30圈。
价 格：
倩碧洗面皂 190元/150g
倩碧洁肤水 350元/400ml
倩碧特效润肤露 460元/125ml
CLINIQUE
liquid facial soap
mild
savon visage liquide
doux
DRY COMBINATION · SECHE A MIXTE
CLINIQUE
clarifying
lotion
clarifiante
2
CLINIQUE
dramatically different
moisturizing lotion
émulsion hydratante
tellement différente

倩碧与其他产品相比最大的优势就是产品中没有添加易导致过敏的物质，特别适合敏感性皮肤使用。此外，倩碧化妆品中所含有的重金属物质也比较少，是少有的天然、绿色的化妆品。

倩碧和雅诗兰黛属于同一集团，资源丰厚的美容集团背景，使倩碧的品质有了最直接的保证。这也使得倩碧有能力针对不同的肤质类型，推出最适合的化妆品。倩碧的彩妆和护肤品同样著名，不同需求的顾客，都可以很容易找到自己心仪的倩碧产品。

倩碧晶莹蜜粉 >>>

倩碧纯净的质感无愧它皮肤医生的称号，倩碧散粉更是名声在外。它完全不含铅和香料，是同类产品中对皮肤最没有刺激的。

倩碧晶莹蜜粉全新配方的柔滑、通透粉质，令颜色可以均匀分布在脸上。倩碧晶莹蜜粉能利用粉粒表面和粉粒间的部位通过不同角度的光线反射，使肌肤的雀斑、暗沉、毛孔粗大，甚至暗疮变得不再明显。

倩碧晶莹蜜粉漂亮的颜色还可减轻过红、过黄的肤色；极其细嫩的粉质给人以光滑服帖的感觉，用了之后肌肤通透自然，清爽无瑕。如果单纯想遮盖毛孔，只需在面部扑一点，就有很好的遮盖效果，特别是用在隔离霜或防晒霜的外面，控油定妆效果会非常好，也非常自然干净。

倩碧感光激亮唇彩 >>>

倩碧的得意之作，闪亮缤纷的液体唇彩，带着璀璨的珠光，难以相信的闪亮。不管在任何天气和光线下，涂后双唇都会绽放出非常自然、非常健康的光彩，不只擦上去颜色漂亮，而且滋润效果也相当出色。与倩碧其他产品一样，这款唇彩通过敏感性测试，百分之百不含香料，敏感性肌肤也可放心使用。

这款唇彩把遮瑕、舒适和珍珠闪亮效果集于一身，质地柔滑轻盈，充满水分。独特尖嘴设计，可以方便地准确涂抹在哪怕嘴角这样细小的地方。经常涂用能给双唇提供完美滋润的保护，帮助预防因气候、刺激和高热引起的干燥现象，是加倍滋润和改善质感的超级护唇法宝。

倩碧纤长魔力睫毛膏 >>>

倩碧纤长魔力睫毛膏专为那些富有鉴赏力、渴望睫毛纤长分明的亚洲女性创造。可延展的皂土成分令睫毛平滑增长，同时，特殊的硅珠和弹性聚合体会让睫毛自然卷翘。睫毛因此看上去更长、更翘、更生动。

三种独特的配方色彩持久鲜亮，让眼部明媚诱惑。独一无二的配方中还使用了先进的热技术，只需用温水轻柔清洗睫毛，就可轻松溶解睫毛膏，将它完全卸除，让卸妆变得如此简单。

ANNA SUI

安娜苏

华丽的娇艳

安娜·苏的个人形象充满波希米亚的自由色彩，而她的作品却尽显奢华。时尚圈是她的梦工场，天马行空时总能诞生种种奇想，让人意乱神迷。安娜苏在许多人心里便成了施以魔咒的流行密语。

紫色、黑色、西班牙红色、蔷薇、蝴蝶、娃娃、朋克、摇滚、华丽、古董……提起安娜苏，每个人的脑海里都会涌现出一大堆词汇。根据这些词汇创造的安娜苏化妆品，受到了世界各地粉丝的疯狂喜爱。每次使用安娜苏化妆品，就好像小女孩带着崇拜的心情，偷偷玩妈妈梳妆台上那些华丽化妆品的感觉。它的限量产品更吸引了爱用者们去疯狂购买，因为限量产品的设计往往十分精美、独特，能够激起人们最强烈的收藏欲望。

安娜苏带着甜蜜诱人的气息、神秘奢华的味道，几乎让所有女人都难以抗拒。因为每个女人的心里，都藏着一个长不大的小女孩，对可爱的物件无法割舍。安娜苏的细节是如此完美，无论是黑色雕花，还是蔷薇图腾，或是蝴蝶花纹，及大四角方形的盒子……精雕细琢的工艺和诱人的颜色，会让女人想起妈妈用过的复古粉盒，甜蜜回忆自然涌上心头。

安娜苏的产品具有极强的诱惑力，无论服装、配件还是彩妆，它的魅力在于妖艳无人能及。第一眼看到安娜·苏本人，你会被那抢眼、近乎妖艳的色彩震撼，更会迷醉在她独特的、蕴涵巫女般迷幻魔力的华丽摇滚风格的设计之中。时尚界因此叫她“纽约的魔法师”。她最擅长从纷乱的艺术形态里寻找灵感，作品尽显摇滚乐派的古怪与颓废。在崇尚简约主义的今天，安娜苏逆潮流而上，产品充满浓浓的复古色彩和绚丽奢华的气息。安娜苏的产品包装也通常以她最喜爱的蔷薇花为主题，神秘的紫色搭配全黑花纹，并含有天然花香。安娜·苏女士认为，这些充满趣味和迷人色调的彩妆系列，不管是化妆品还是容器都很可爱。她说：“我相信把它们一一收集排列，也会成为一种时尚。”

不管是奢华优雅的黑色雕花容器盒、小巧复古有各种蔷薇图腾的眼影盒，还是漆黑瓶身、顶端绽放娇艳黑色蔷薇的睫毛膏或口红盒，精雕细琢的花纹让安娜苏美丽得无懈可击，这些都是安娜苏令人疯狂的地方！

创始人
安娜·苏
创始时间
1983 年
创始地
美国·纽约

从彩妆开始，安娜苏又在近年陆续推出了香水、护肤品等产品，产品线越来越完整。除了紫黑色，安娜苏产品的色彩也越来越多样化，如蜜果系列保养品、金色包装的底妆系列、美白系列产品等。不过安娜·苏女士对紫色的偏爱仍随处可见，她在彩妆与服装上大量运用紫、红、黑色，整个专柜也是浓郁的深紫色，一切宛如沉浸在紫色的浪漫之中。

安娜·苏将华丽的装饰主义集于自己的设计之中，既时尚又复古，细致玲珑，略带邪气，洋溢着浓浓的怀旧气息和绚丽奢华的独特气质，给人以独特的巫女般神秘和迷幻的魔幻风格。

安娜·苏这个名字，拥有特殊的魔力，令全世界为之着迷。被评论界称为“时尚界的魔法师”的时装设计师安娜·苏擅长从各种艺术形态中寻找灵感，她的设计大胆多变而略带叛逆，洋溢着浓浓的复古气息和绚丽奢华的独特气质。

有了安娜苏，你可以任思绪流浪，在都会中自由奔驰。奢华的经典配饰、游牧风格带有流浪气息的头巾和宽边帽、艳丽的大珍珠首饰、亮丽的丝巾和丝袜，让生活如同歌舞剧般华丽，自由奔放幻化成对流浪生活的向往。

安娜·苏成为炙手可热的设计师的经历就是一个经典的美国的成功故事。“即使梦想是超越一般人的想象的，仍要坚持。”这就是她成为国际知名设计师的秘诀。这位吉卜赛式的纽约设计师除了略带叛逆的摇滚风格，还略带幽默感，可以恰如其分地将绚丽的设计发挥得淋漓尽致，给人以神秘和魔幻的感觉，第一眼便可以抓住观众和顾客的心。

无论是个人形象还是时装设计，安娜·苏的风格都是非主流的。她一直留着一个经典的妹妹头，喜欢摇滚朋克风格、嬉皮风格、波希米亚风格的打扮，有时也会以梦幻甜美女孩的形象出现。安娜·苏总结自己的设计理念是“略带幽默、摇滚风格、反怀旧感觉”。只要经过安娜苏品牌的专柜，很少有女性不被它华丽而又神秘的色彩所吸引。华丽与颓废毫不冲突地在安娜·苏的设计中并存，浓浓的中世纪复古气息在现今提倡极简风格的时尚界中更显示出她的特立独行。

我设计的东西，充满着趣味、创意、可爱与迷人气息。

——安娜·苏

童花头、浓密长直的黑发、东方的眼睛和脸庞——笑容可掬的安娜·苏的外形在西方的T型台上颇具东方感，不过她那特立独行的个性、充满激情和活力的设计证明了她毫无疑问的国际化。很多人把Anna Sui的名字翻译成安娜·苏，其实她的中文名字是萧志美。安娜·苏是第三代的美国华裔，作为当今世界最有才华的设计师之一，安娜·苏在很小的时候就树立了自己要在时尚圈大展拳脚的梦想。受到了曾在巴黎攻读艺术的母亲的影响，她在幼年的时候就已经透露了对流行的热爱，她说自己那个时候就发誓不会在一年内把同样的衣服穿两次。同时，幼年的安娜已经开始时装设计：替自己的玩偶和邻居小孩的玩具士兵设计出她心目中的出席奥斯卡颁奖礼的礼服。安娜·苏将自己画的作品和从杂志上剪下来的服装剪报装订成书，直到今日，这些伴随她多年的艺术资产，仍是她的“灵感档案”。

安娜苏品牌的魅力在于它的妖艳无人能及，产品华丽却又不失实用性。从涉足服装界开始，出道短短几年的安娜·苏便立于时尚的不败之地。之后凭借着绝佳的流行感与色彩触角，创造出极富冒险气息，可以任人恣意嬉戏的彩妆系列，让无数向往原创流行的女人，在充满惊奇的心情中，独创出专属于自我风格的彩妆。

ANNA SUI

能将魔幻魅力和自然界的深邃感结合到极致的品牌当首推安娜苏。这位"时尚界的魔法师"在安娜苏魔幻映彩持久蜜粉中施加了最强烈的魔法，让全世界的女性为之心动不已。

安娜苏善于运用不协调的元素去唤醒沉睡的激情，充满柔美的女性气息，使空气中散发出暧昧。安娜苏魔幻映彩持久蜜粉的粉质细致、触感滑顺，具有吸收脸部多余油脂的效果，可以预防脱妆，使妆容呈现出半透明的细腻爽滑质感，并且非常持久。

如魔法般的精细粉末，极富创意地被调和之后，形成完美的配方，塑造出干净的妆容，为使用者呈现出平衡、稳定的肤色之美，并让妆容远离不匀称的油光。

柔细的持久蜜粉，能吸收肌肤上多余的油脂与油光，防止彩妆褪色，或肌肤出油溶妆，同时又能锁住肌肤所需的水分，呈现出自然光泽，为人创造出一整天紧致、自然、清爽透明的底妆。

安娜苏魔幻映彩持久蜜粉含有葡萄叶子精油、橄榄精油、葡萄种子精油、桑葚精油等，能滋润肌肤，保持肌肤柔滑亮丽，让皮肤一整天都湿润柔滑。

顶级
镇牌之宝
BEST OF THE BEST
Anna Sui 安娜苏魔幻映彩持久蜜粉
当化妆品越来越趋向简化的时候，有着一副东方面孔的安娜·苏却推出一系列古典、优雅、精致、奢华的化妆品。利用绚丽多姿的设计结合独特的色彩，再融进她的个人品牌设计中，神秘得让人们把安娜苏当成无价的收藏品。喜欢安娜苏的人们不仅被它出色的品质所打动，还被它多变、创意的色彩配搭所吸引。带有东方神秘色彩的包装像珍贵的艺术品般令人爱不释手！
在轰动时尚界的安娜苏产品系列中，最经典的畅销产品当属魔幻映彩持久蜜粉了，它能够创造出平滑、粉嫩、透明的完妆效果，年销售在2万盒以上，尤其是200色号的紫色蜜粉销量更高达1.3万盒。
价格：420元/25ml
ANNA SUI
FACE POWDER

安娜·苏是时尚界永不消失的晴朗，是生命中快乐的保障，她精力充沛地做着各种各样的尝试，我们将看到一个永远长不大的女人时刻享受着一个不醒的生命之梦……

安娜苏彩妆既时尚又复古，包装华美，仿佛古代漆器，给人以神秘和魔幻的感觉。安娜苏的所有产品都具有蔷薇花的花香。彩妆内含有葡萄种子精油、葡萄叶子精油、橄榄精油、桑葚精油。其中葡萄种子精油，含维生素 E，能保持肌肤柔滑；葡萄叶子精油，含氨基酸和糖分，可保持肌肤滋润柔细；橄榄精油，可防止皮肤干涩；桑葚精油，含维生素 C，可淡化色斑，带给皮肤额外滋润。

安娜·苏的彩妆产品，大大拓展了她在亚洲的时尚版图。深爱紫色的安娜·苏在彩妆与服装设计中大量运用紫色，她选择以代表强烈欲望的紫色来包装其化妆品系列，以暗紫色为主色的包装，周围布满了红艳的蔷薇，复古俏丽的包装很有个性风格。安娜·苏喜欢运用抢眼的色彩，紫、红、黑就是其最擅长运用的三种颜色。睫毛膏、眼影、唇彩等为其赢得了让世人惊羡的荣誉。

安娜苏蔷薇眼影 >>>

细致的粉末、完美的发色，让眼妆呈现立体、色泽饱和的感觉，即使重叠上色也不会混浊，还可保持干净的色彩效果。宛若和弦般的和谐色调，让人焕变出渐层、朦胧且立体的烟熏妆效，创造出复古、性感、奢华的迷媚眼神。眼影粉极细腻，兼且带有闪亮效果，涂在眼上光泽度非常好。配合可随意展现个人时尚风格的调色盘上妆，闪耀动人的百变眼妆色彩。使用刷子、指尖均可轻易上妆，仿佛玩弄色彩的魔法游戏，令人万分惊喜。

安娜苏浓密睫毛膏 >>>

像是一句万灵的美丽咒语，当爱美的小魔女们手上拿着它，瞬间便会拥有最深情、最惹人爱怜的梦幻长睫，散发任性甜美、刁蛮可爱的气息。宛如魔法棒的纤细刷杆，搭配短头刷毛，简单地就能将睫毛膏刷在睫毛根部。睫毛膏内含有丰富的具有保湿效果的桑葚精华、橄榄油、葡萄籽油等多种滋润成分，使人在使用睫毛膏的同时，达到兼顾保护、强化睫毛组织的效果。

安娜苏水漾魔幻唇彩 >>>

全新升级版本的安娜苏水漾魔幻唇彩带来超强滋润度和光泽质地，让上妆容易得像是游戏。独特的防褪色和晕染的配方和多达 18 种的色彩供人自由选择和搭配，而且可以帮助双唇维持一整天的丰盈亮泽和水漾感，绝对令人无法拒绝。

创始人
珍宁·玛利索
创始时间
1950 年
创始地
法国·比利牛斯山区

美丽应该是自由自在、简单而具有情趣的，它包含了毫无掩饰的纯情自信，热衷与大自然亲近，并且尽情呼吸和享受大自然的清新美丽。美丽是现代都市中崇尚健康、笑容灿烂、享受生活的人们自然散发出的神采。

美，离不开水，因为水是万物之源，它孕育生命，也是繁衍与延续生命不可或缺的要素之一。蕴涵矿物的温泉水更是大自然的精华所在。矿物温泉内含有矿物盐、微量元素、蛋白质和糖。它能改善皮肤机能，使身心得到舒缓和愉悦。同时，矿物温泉的温度为 37 摄氏度，和人体的体温最为接近，这决定了矿物温泉中的有效成分更容易被人体吸收。

碧欧泉是由一位生物学家在法国南部比利牛斯山区的矿泉研究所创立的。那里空气清新、绿意盎然，从品牌创办人到所有研发人员都由生物学家担纲。从研究、申请生物制造过程的专利开始，至今仍不断地有新产品推出。

碧欧泉总部设在以品质著称的袖珍王国——摩纳哥，其产品也都生产于当地。碧欧泉英文名为 Biotherm，bio 意为皮肤的生命；therm，是指矿物温泉；biotherm 寓意科技与大自然的完美结合。其品牌精神诚如清新的品牌名称“碧欧泉”一样，自然纯净。

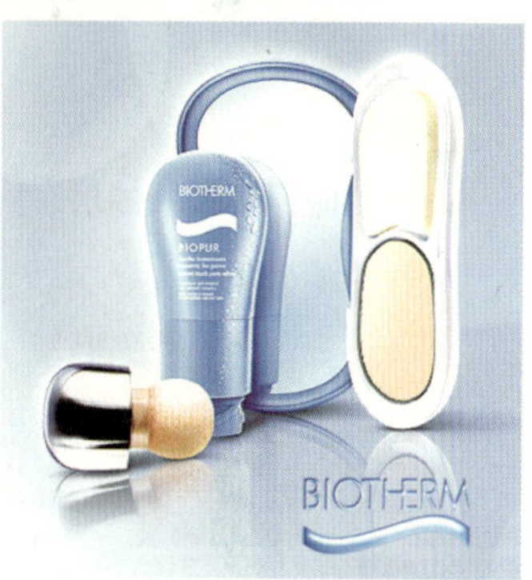

要记住碧欧泉，就要记住和碧欧泉紧密相关的一个关键词——PETP，这是碧欧泉的生物学家从法国南部山脉深处的矿物温泉中探测到的一种神奇物质。成功地将这种神奇物质应用到产品中，这一点一直是碧欧泉公司引以为傲的事。它的所有保养产品都具有矿泉舒活因子的舒缓功效，活性成分也与人体肌肤细胞结构十分接近，蕴涵大量微量元素、蛋白质、矿物盐和糖分，能有效调理肌肤细胞的运作机能，使其达到完美平衡，并且可以凭借与肌肤的亲和力，有机调节肌肤的天然节律。

作为一个在面部肌肤保养、脸部色彩保养以及身体肌肤保养等方面均有专业研究的知名法国化妆品品牌，碧欧泉主张以

肤质分类，倡导轻松简单的保养哲学，现在已经发展形成一个完整的护理产品系列。种类和系列之多，让碧欧泉独树一帜。无论肤质、生活形态或所处环境有何不同，在碧欧泉的世界中都能找到适合的产品。碧欧泉在欧洲已发展成为欧洲三大护肤品牌之一。为体现品牌特有的纯净、舒适和安详、返璞归真的品牌形象，它在国外的柜台大多设置在精品药房中。

BIOTHERM

肌肤最渴望的美丽元素——水，因为碧欧泉的产生，从此将源源不绝地滋润美丽，赋予人们肌肤无限美丽的可能。

18 世纪，在法国南部的贵族打猎胜地——比利牛斯山脉，一位公爵的爱犬在捕猎时受了伤，遍访名医都不见效。忧心忡忡的公爵发现每次散步时，爱犬总跑进同一片泥潭兴奋地翻滚，像在用泥浆给自己擦拭伤口，结果几周后伤口竟不治而愈。他十分好奇，进而注意到泥潭中有一眼活泉涌出，他试着将泉水涂抹在皮肤上，竟感到前所未有的清凉舒缓。

公爵的故事不胫而走，科学家们纷至沓来，在温泉流经的岩石上找到了一种神秘的白色晶粉，并证实这种对肌肤具有非凡功效的白色晶粉，其实是一种“矿泉浮游生物”，可惜的是它的数量相当稀少，分裂周期也很长，采集困难，并且只有在真空、避光环境下才能保存，所以极其珍贵。

BIOTHERM
SOURCE THÉRAPIE
SUPERACTIV
BIOTHERM

1985 年，碧欧泉男士专用系列作为全球高档化妆品市场的第一个男士护肤品系列正式面世。碧欧泉男士专用系列的每一款产品都蕴涵了品牌特有的矿物温泉精华，并专为男士度身定制，能够全面解决男士常见的面泛油光、紧绷、松弛、皱纹等肌肤问题。

一个半世纪过去了，不断有人尝试去采集和保存这种生物，却都以失败而告终。直到 1950 年，生物学家珍宁·玛利索不畏艰难，开始了再次尝试。她在温泉源头架起多层微倾的木板，层层过滤流过的泉水，沉淀出“矿泉浮游生物”。而后又利用当时先进的“冻干”技术，终于萃取出了“矿泉浮游生物”，并在 4 年后将它应用于自己开发的第一瓶乳霜中。这款乳霜当时只在法国药房出售，耗费巨大的提炼过程和稀少的产量，令它的售价极其昂贵。即使如此，它具有的天然护肤奇效，也在整个欧洲掀起了一次罕见的销售热潮，令这款乳霜在 20 世纪 50 年代成为了名媛淑女们争相追捧的“药房贵族”。

20 世纪 70 年代，欧莱雅集团收购了碧欧泉品牌，并于 1974 年在寸土寸金的“富人王国”摩纳哥建立了专属实验室和生产中心。摩纳哥王

妃格雷斯·凯莉当时亲自为这个重要的实验室剪彩。随后碧欧泉首席科学家卢西安·欧博博士带领专家组，走遍亚洲、欧洲，甚至两万英尺深的马里亚纳海沟，足迹遍布 24 个国家和地区，深入研究各地 294 处温泉，在长达 20 年的探索后，终于发现“矿泉浮游生物”是所有拥有特殊护肤功效温泉的共同奥秘，于是从全世界的温泉中提取温泉精华从此成为了首要工作。

于是，来自全世界的温泉水被不断运往碧欧泉实验室，在对温度、湿度都严格控制的人工环境中，经历了千万次的实验，终于在 1994 年，通过“生物发酵技术”，萃取出了精纯的温泉精华——矿泉舒活因子，将几个世纪温泉美肤的动力，集结成稳定而活性无限的存在，也成就了碧欧泉最著名的科技灵魂成分。

BIOTHERM

BIOTHERM　碧欧泉活泉水分露

它是碧欧泉最初打天下的镇店王牌。每一瓶都含有相当于5000升的温泉水中所含的丰富的矿泉舒活因子，可以补给皮肤充分的水分，同时帮助皮肤锁住水分，令皮肤“沐浴”于萃取自天然矿泉的嗜热浮游生物提取物所带来的滋润、舒适、愉悦的感受中。

只需豌豆大小的碧欧泉活泉水分露，即可令肌肤水分十足，呈现最完美的状态。碧欧泉活泉水分露接受过模特、空中小姐、智利沙漠地区的女性这三类工作或生活环境非常干燥的女性的极限保湿测试，能够保证皮肤一整天水润。

价格：390元／50ml

碧欧泉活泉水分露舒适的凝霜质地令皮肤柔软、润泽、感觉舒爽、光彩一整天。其中含有的独特温泉护肤成分天然温泉精华及微量矿物元素，会令皮肤时刻享受温泉SPA的美妙感觉。

碧欧泉活泉水分露蕴涵的“矿泉舒活因子”，源自法国比利牛斯山无污染的纯净天然矿泉，能立即舒缓肌肤，促进肌肤新陈代谢与细胞新生，称它为“肌肤细胞的根本之源”，一点也不为过。矿泉舒活因子是一种从矿泉中发现的微小生物组织体。它的活性组织，拥有与人类肌肤细胞相仿的生命周期，更含有大量肌肤所需的氨基酸、蛋白质、维生素、微量元素等因子，能够轻易被肌肤吸收，带给肌肤超乎想象的天然激活能量。它使肌肤自然光滑，更富弹性，激发皮肤生命力，并可预防干纹产生。碧欧泉活泉水分露有完整湿润配方，凝胶状的清新质地，可立即被皮肤吸收并在皮肤表面形成一层3D网状亲水膜，持续性地补给肌肤水分。

而升级版的碧欧泉新活泉水分露保湿效果更为显著。它所具有的三重的关爱让肌肤具有柔软与舒适的触感，是一瓶让肌肤纯喝水解渴的产品，是脸部保养中的基础保养品。

第一重：蕴涵相当于5000升矿泉所含的精华矿泉舒活因子和微量元素，即刻释放源源不断的水分，缓解肌肤干渴。

第二重：珍贵的丝氨酸、瓜氨酸就像海绵一样储存大量水分，如果皮肤细胞内缺水，就会释放出储存的水分，让人时刻保持水嫩的漂亮肌肤。

第三重：充满了智能的生物脂，蕴涵乳木果油等天然成分，可以加强细胞间的凝聚力，锁住水分，防止干燥的天气夺走肌肤水分。

碧欧泉的出现打破一般人认为“矿泉水中仅含矿物质，只可以饮用与浸泡”的观念，它从矿泉中萃取精华，为人们缔造出水嫩肌肤的美丽奇迹。

BIOTHERM

纯氧、能量土、活水以及植物花果，都是碧欧泉的品牌符号，碧欧泉引导消费者以一种“回归正确的生态自然环境”的态度呵护自身，而回归自然的起点就是回归土地、亲近大自然界纯净清新的矿泉山水。人们的心灵和肌肤会在碧欧泉的精心柔顺的呵护当中愈加年轻。

碧欧泉水元素激活眼部精华 >>>

主要针对眼部肌肤的完美保养。含有多种矿物的水质啫喱，瞬间提供修护作用而且效果持久，能舒缓及镇静眼部幼嫩肌肤，为肌肤保湿，并且消除瑕疵。

强大的温泉精华的力量，促进眼周肌肤新陈代谢，增强细胞能量，使黑眼圈及浮肿明显淡化，让眼部肌肤恢复匀亮平滑的极佳状态，并能在上妆前作好准备，让妆效完美。

碧欧泉柔晶焕肤系列 >>>

第一款一步实现每日生物焕肤的护理产品，一经推出，立刻好评如潮。在美容品竞争最激烈的日本市场，2005 年上市一年，就独揽 14 项美容大奖，获得专业美容杂志和使用者的一致认可。

碧欧泉将尖端生物焕颜科技完美地融入该系列之中，使得肌肤在不知不觉中每日更新，变得更光滑、更均匀，不仅使人肌肤问题得到解决，肤质也得到改善。

碧欧泉皮肤专家发现，其实每个人的肌肤都有自然焕肤的机制存在，尤其在 18 岁的阶段，外界对肌肤的伤害由于肌肤自身活跃的焕肤机制而不会显现。然而，随着时间的流逝，帮助肌肤完成自身焕颜的角质蛋白酶由于肌肤环境的变化而不再活跃，于是肌肤自身的焕肤机制也衰弱了，肌肤问题自然会显现出来。

为了帮助肌肤找到自然、安全、全效的焕颜办法，将医疗概念融入每日的护理之中去，碧欧泉全新科技“生物焕颜科技”由此诞生，融合明星专利矿泉舒活因子，帮助肌肤通过每日的自然护理，一样地实现焕肤手术带来的神奇功效。

BIOTHERM
ANTI-RIDES
LINE PEEL
SERUM
booster anti-rides
tenseur immédiat
anti-wrinkle booster
instant lifting

BIOTHERM
ANTI-RIDES
LINE PEEL

图书在版编目（CIP）数据

顶级香水·化妆品 / 叶轻舟编著. –北京：北京工业大学出版社，2007.10

ISBN 978-7-5639-1832-4

Ⅰ. 顶… Ⅱ.叶… Ⅲ.①香水–简介–世界②化妆品–简介–世界 Ⅳ.F767.9

中国版本图书馆CIP数据核字（2007）第136454号

顶级——香水·化妆品

出　　版　北京工业大学出版社

（北京市朝阳区平乐园 100 号 北京工业大学校内 邮编：100022）

策划制作　远流图文工作室（电话：024-86397099 网址：www.booksky.cn）

编　　著　叶轻舟

图片编辑　杨利伟

责任编辑　姜　山

封面设计　赵兴华

技术指导　赵　博

发　　行　北京工业大学出版社（电话：010-67392308）

制　　版　远流图文工作室

印　　刷　沈阳美程在线印刷有限公司

开　　本　728mm×1026mm　1/16

印　　张　15

字　　数　125 千字

版　　次　2007 年 10 月第 1 版

印　　次　2007 年 10 月第 1 次印刷

标准书号　ISBN 978-7-5639-1832-4

定　　价　48.00 元（彩版）